まるごとわかる！合同会社設立と運営の教科書

行政書士法人ルクロー代表社員
行政書士
中村真由美 著

ナツメ社

チューケンくん
個人事業主の
中堅デザイナー
え？
法人化
ですか…？
打ち合わせ
お疲れさまでした
そうよ
チューケン
会社を
つくり
なよ
うちと同じ
「株式会社」
を！
そして
株式会社同士で
取引するの
カッコいいと
思うのよね
株式会社さん
チューケンの
取引先の会社員
もう中堅どころか
ベテラン並みの
売れっ子
デザイナーの君が
いつまでも
個人事業主
だなんて……
逆に
信用されない
と思うのよね

無理ですよ ぼくが法人成りなんて
それに比べて株式会社さんは素敵ですよね
信用オーラがまぶしくてさすが社員！って感じ
え……
わたし漏れちゃってる？SHINEなオーラが？
ほほほ
実際のところ法人だからこそゲットした取引も多かった……と私は思うのよね
あなたは逆に逃した取引が多かったんじゃない？
法人の信用
受注
受注
逃した……
取引？
株式会社を作りなよチューケン
無理じゃないわ！

本音をいうと
カッコつけたい
のは
うちの会社
なのだ
法人と
取引した方が
株主は納得する
なのにいまだ
個人事業主のチューケンに
仕事を振り続ける私は
いよいよ肩身が狭いのだ
株式会社を作りなよ
チューケン!!

無理すな
無理すな
街路樹
中堅
ビジネス
マンの
お2人
さん
初めての
法人化で
むリス
な!!!

ぼくは
近くにリスクを
感じると
体が
大きく
なるんだ
むく
むく
このままじゃ
大事な
ベッドが
……
よいしょ
よいしょ
壊れ
ちゃう！
ぶりん
ビジネスでリスクを
乗り越えた時は
ビッグな気持ちにも
なるよね
でも急に
株式会社を
作るなんて
あまりに
高リスク！
個人事業主の
ままでいろって
いうの？
それで損失が
出ているかも
しれないのよ

あ、ああ……
頭が古い
古いよう
むく
むく
法人は
株式会社
だけじゃ
ないよね？
「合同会社」が
あるよね！

合同会社なんて知らないって？
聞いたこともない？
ぽんっ
なんとなく安っぽくてあやしい会社……
ってことは知ってるわ
あまり知らない
何も知らない
ほんとに古いね株式会社さんは
古株さんだ……
むく むく むく

みんなも一度くらいは合同会社のお世話になっているよ
ほら、通販でお買い物した時にとか
通販で……？
あ！

そうだ
ラベルの送り元で見たことがある！
え!? あの大企業も合同会社？
そう、あのGAFAも日本法人は合同会社なのです
なぜなら合同会社は株式会社に比べて
・設立コストが安く
・自由な経営ができて
・倒産時の責任は有限
メリットが多い法人形態だからだよ

株式会社よりも責任が軽い法人形態……？
だったら信用も低い法人ってことでしょ
GAFAも本社は株式上場しているはずだし……
やっぱり合同会社はおすすめできないわ！
たしかに合同会社の「信用」は株式会社よりも下だね
うん うん
でも個人事業主よりはずっと上だから！
そして経営の「自由度」では株式会社よりもずっと上！

	個人事業主	合同会社	株式会社
信用	×	○	◎
自由	◎	○	×

「ほどほどにおいしい法人」
ぼくが合同会社を勧める理由だよ

費用と責任のリスクを抑えて無理せず法人化する
SHINE!
合同会社!
どう?チューケンさん
どき　どき
いえ、株式会社の方がカッコいいわよチューケン!

とにかくぼくの体はリスクを感じると大きくなってしまうんだだからお願いチューケン

ぼくが巣穴に戻るために!低リスクの合同会社を作ってみないかい!
りすくん
ビジネス街の樹に棲むアドバイザー
知らんわ!
この本を読んで合同会社について詳しくなろう!

はじめに

近年、設立件数が増えている合同会社は、需要が増えているわりに情報が少ないのが現状です。会社形態としてよく知られている株式会社とは異なり、いまだマイナーな印象が強い合同会社ですが、株式会社より運営ルールがやさしく、個人事業からの法人成りやスモールビジネスの法人設立にとても向いている会社形態です。設立の需要も右肩上がりですから、今後は株式会社と同等の認知度を獲得していくことも十分考えられます。しかし、いざ本格的に設立しようとなると、前出のように情報が少ないため、「株式会とどう違うのか？」「合同会社のメリットやデメリットは？」「どのように登記手続きをすればいいの？」など、わからないことが多々出てきてしまいます。

本書は、そんな疑問に応えつつ、**はじめて会社を設立する人や合同会社のことを知りたい人がきちんと理解できるよう、図やイラストを多く使いながら丁寧に解説しています。**

合同会社の設立には、1人での設立や友人同士の設立などさまざまな設立パターンがありますので、**よくある設立パターンを想定して注意事項や必要な手続きについても収録しました。**

また本書では、合同会社を設立するだけでなく、**設立後に必要な手続きや運営についても触れ、**「設立はできたけれど、その後はどうすればいいのか？」といった疑問も解消できるようになっています。株式会社とは異なり、いくつかルールがやさしい部分もありますが、法人である以上は税金の申告や納税などの義務が当然発生します。会社として知らなかったでは済まされない〝やらなければならないこと〟はしっかりおさえておきましたので、設立後も手元に置いていただきながら、スムーズな運営を行っていただければ幸いです。

2024年8月　中村 真由美

はじめに …… 9

CHAPTER 01 合同会社の設立が頭によぎったら

マンガ …… 18
01 今、合同会社を設立する人が増えている …… 22
02 法人格について知ろう …… 24
03 法人のちがいを知ろう …… 26
04 持分会社について理解しよう …… 28
05 合同会社（LCC）の有限責任って何？ …… 30
06 持分会社にするなら、合同会社が有利 …… 32
07 どんな人が合同会社を設立するのか？ …… 34
08 小規模展開なら合同会社がおすすめ …… 36
09 個人より信用力があり、認められる経費が多い合同会社 …… 38
10 株式会社よりも自由度が高い合同会社 …… 40
11 合同会社の「社員」の定義を理解しよう …… 42
12 個人事業からの法人化で多いのはこのタイプ …… 44
13 家族や仲間同士で会社をつくる時のポイント …… 46
14 法人が経営者になれる！ …… 48
15 自分の給料はどうなるか？ …… 50

16 個人事業よりも節税効果は高くなる …… 52
Column 外資系企業はなぜ合同会社が多いの？ …… 54

CHAPTER 02 合同会社の設立準備

マンガ …… 56
01 合同会社と株式会社の基本構成のちがいは？ …… 60
02 設立の仕方で異なる注意点は？ …… 62
03 設立の全体の流れを知ろう …… 64
04 設立準備に3ヵ月はみておこう …… 66
05 設立のために最低限決めること …… 68
06 合同会社の役員はどうなるの？ …… 70
07 会社名（商号）の決めかた …… 72
08 定款で定めた事業しかできない …… 74
09 会社の住所の決めかた …… 76
10 資本金はいくらがベスト？ …… 78
11 出資はお金だけとは限らない …… 80
12 事業年度は繁忙期を考慮する …… 82
13 申請日が設立日になる …… 84
14 会社印の種類と決まり …… 86

15 設立登記時の書類を知っておこう 88
Column 法人口座の開設をスムーズにするには？ 90

CHAPTER 03 定款を作成しよう
マンガ 92
01 定款の役割を理解しよう 96
02 定款の絶対的記載事項を決めよう 98
03 定款の相対的記載事項を決めよう 100
04 定款の任意的記載事項を決めよう 102
05 文書ソフトを使って定款を作ろう 104
06 電子定款なら設立費が安くなる 106
07 定款を自分で作る場合のメリットとデメリット 108
08 定款の記名と押印の方法 110
09 製本にはルールがある 112
10 定款の記載方法でやりがちなミス 114
Column 特定創業支援等事業制度を利用してみよう 116

CHAPTER 04 合同会社の登記申請手続き
マンガ 118

01 登記の流れを理解しよう　122
02 合同会社の登記申請に必要な書類（基本）をそろえよう　124
03 資本金は社員の口座に振り込む　126
04 設立登記申請書の書き方と注意点　128
05 合同会社の添付書類をつくろう（社員1名の場合）　130
06 合同会社の添付書類をつくろう（社員が複数の場合）　132
07 合同会社の添付書類をつくろう（法人が含まれる）　134
08 印鑑届出書を作成しよう　136
09 正しく綴じて法務局に提出しよう　138
10 申請が認められない場合の原因　140
Column 登記時、合同会社の社員の身分確認は必要ない？　142

CHAPTER 05 登記完了後の手続き

マンガ　144
01 登記できたらすみやかに取得する書類とは？　148
02 法人口座は早めに申請して開設しよう　150
03 書類の提出先と期限を守ろう　152
04 青色申告を提出した方が、メリットが多い　154
05 消費税の課税事業者登録はどちらでもいい　156

06 会社になったらインボイスには登録すべき？ …… 158
07 法人事業税・住民税を支払うための届け出をしよう …… 160
08 社会保険加入の手続き・届け出をしよう …… 162
09 1人でも従業員を雇ったら、必ず届け出をしよう …… 164
10 どちらの社会保険に加入するかを決めよう …… 166
11 4つの許認可の種類を把握しておこう …… 168
12 GビズーIDがないと申請できない補助金もある！ …… 170
13 クレジットカードは銀行口座が開設されたらすぐ作ろう …… 172
Column 知っておきたい「契約書」のこと …… 174

CHAPTER 06 合同会社の運営

マンガ …… 176
01 取引先へ会社を設立したことを伝えよう …… 180
02 合同会社の役員報酬の扱いを知っておこう …… 182
03 設立にかかった費用はいつ戻ってくる？ …… 184
04 税金についてこれだけは知っておこう …… 186
05 電子帳簿保存法への対応は義務化されている …… 188
06 電子帳簿保存法対応として具体的に何をする？ …… 190
07 日々のお金をしっかり把握しよう …… 192

08 経費にできる費用が多いほど節税できる！ 194
09 1カ月ごとの業績の報告などを行う決算業務 196
10 法人には源泉所得税の納税者義務がある 198
11 年次の経理業務について知ろう 200
12 決算の流れを把握しておこう 202
13 年末調整ってなんのためにやるの？ 204
14 社員の確定申告はする？　しない？ 206
15 法人税の種類と計算方法 208
16 消費税の納税はどうすればいい？ 210
17 定款の内容を変えたらすぐに届け出よう 212
18 合同会社をたたむときの手続き 214
19 クラウドファンディングを積極的に活用しよう 216
20 会社の経営をスムーズにするパートナーを探しておこう 218
Column ＡＩを活用して外注費を削減？ 220

索引 180

CHAPTER

01

合同会社の設立が頭によぎったら

合同会社は
なぜ自由度が高い法人
なのでしょうか？
それは
出資者
＝
経営者
だからです
株主なんて
いないよ
会社のお金は
だれのもの？

自分たちで
お金を出して
自分たちで
経営する
がんばろう
がんばろう
発起人が主体の
法人形態！
何する？
いつする？
どうする？

株式会社のように
株主からお金を
集めるわけでは
ありません
どう使おうが
社員の
自由です
だから仮に
事業の戦略を
変えたいと
思ったら
すぐに
実行できる
のが
いいところ
ガンガン
いこうぜ
てったい
しよう

海外の
大企業が
日本で
合同会社を
作るのも
この
自由度が
いちばんの
理由だね
株主の
気難しさは
私にも
心当たりが
あるわ……
カー
ブー
ヌー
シィィー

だけど
自分たちで出資
できる資金には
限りがある
じゃない？
株でお金を
集められる
からこそ……
事業を拡大
できると
思うのね
そうだ
ヌシ！
株式会社の論理

では
質問です
現在デザイナーの
チューケンさんに
もし多額の資金が
あったなら
どうします？
PCスペックを
上げて……
左手デバイスで
効率UP……
買ったモノが
その形のまま
利益になるわけ
ではないのです
チューケン
さんの仕事で
重要なのは
資金力かな？
モノではなく
彼自身が
資源なんだよね
何かを仕入れて
売った差額で
儲けを出すわけ
じゃないし
そもそも
無理に事業を
拡大しようとは
考えてない！
カッ！
ブッ！

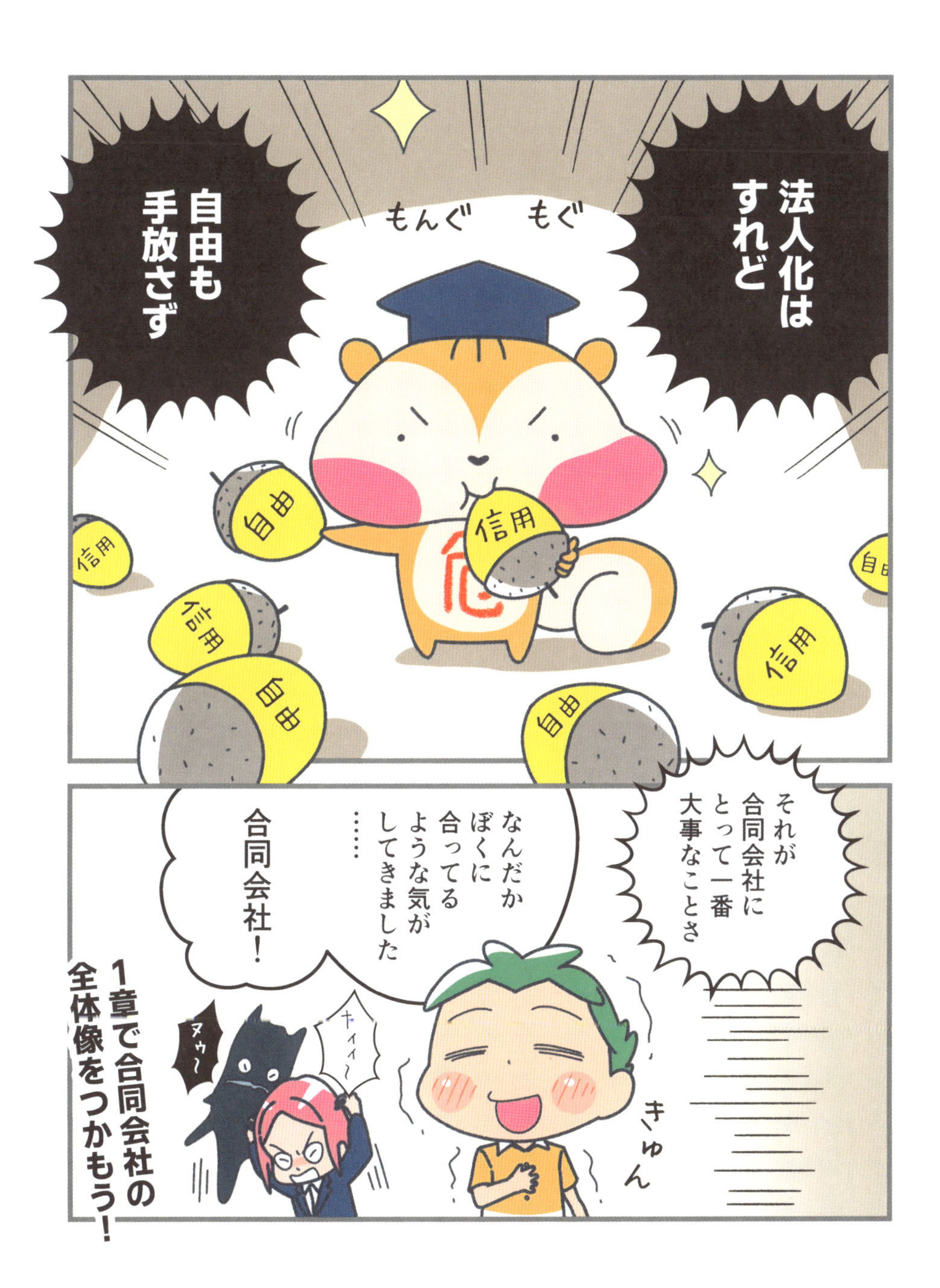

法人化はすれど
自由も手放さず
もんぐ　もぐ
自由
信用
それが合同会社にとって一番大事なことさ
なんだかぼくに合ってるような気がしてきました……
合同会社！
きゅん
ヌゥ〜
キィィ〜
1章で合同会社の全体像をつかもう！

人気の合同会社

今、合同会社を設立する人が増えている

4社に1社は合同会社

毎年約10万件以上の法人が新設されていますが、その中で最も多いのが**合同会社**の設立です。２０２１年に全国で設立された法人は14万４６２２社あり、そのうち合同会社は３万６９３４社でした。つまり４社に１社の割合で合同会社が設立されているということになります。

合同会社の設立が増えている理由は主に３つあります。１つ目は、数ある法人格の中で設立の手続きが簡単で、かつ設立費用も安いこと。２つ目は、設立後に株主や債権者などへ会社の経営成績や財務状況を開示するための決算公告や株主総会を行わなくもいいこと。３つ目は、利益分配が柔軟に行えるということです。これら３つに加えて、近年ではインボイス制度の導入等の影響もあり、個人事業主が法人化をするために合同会社を選ぶというケースも多く見られるようです。

実はＧＡＦＡの日本法人も合同会社

合同会社は平成18年5月1日の会社法の施行から設立が可能になった法人で、他の法人格の中でも比較的新しいため、あまり知られていません。日本では法人といえば株式会社がよく知られていることから、合同会社には信用力がないのではと不安になる人もいます。しかし、実はアメリカの誰もが知るＩＴ企業ＧＡＦＡ（Google、Amazon、Facebook、Apple）の日本法人はおしなべて合同会社の形態をとっています。ＧＡＦＡが合同会社を選択した理由としては、**スムーズな意思決定が可能になる**ことが第一に考えられます。詳しくは後述しますが、株式会社にしてしまうと株主の許可を得ないといけないなど、意思決定が複雑になりますが、合同会社ではそうした制約がなく、やりたいことがすぐにやれるようになるのです。

● 合同会社の設立件数の実態

●会社法ではこのように定められている

東京商工リサーチ調べ　https://www.tsr-net.co.jp/data/detail/1191403_1527.html

合同会社とは？

合同会社とは、2006年5月1日の会社法改正で新しく設けられた会社形態で、アメリカのLLC（Limited Liability Company）をモデルに導入されました。合同会社は「出資者＝会社の経営者」であり、出資したすべての社員が会社の決定権をもち、経営を行います。

米国の有名企業も
実は合同会社！

合同会社

出資者　＝　経営者

株式会社

株主（出資者）　経営者

資本金は1円から、設立手続きもカンタン

会社の設立時に気になるのは、その設立コストです。一般的に会社を設立するなら、資本金と設立費用が必要です。例えば株式会社の場合、会社を設立するためには登記費用や定款認証の手数料がかかりますが、合同会社の場合は登記費用だけで済みます（詳しくはP66を参照）。

POINT!

あまり知られていない合同会社ですが、実は近年設立件数が増えています。また、あの有名な企業も合同会社だったりするのです。

会社とは

法人格について知ろう

会社には「人格」がある!?

会社の設立を考えるなら、その形態を決める前にそもそも会社とはどういうものかを理解しておかなければなりません。会社は、会社法に基づいて設立されている法人のことを指し、**営利目的で事業を行う団体**のことを言います。例えば営利目的で事業を行う法人には、本書で扱う合同会社のほかに、**株式会社や合名会社、合資会社**などがあります。法人は、それが存在する目的を公的な目的と私的な目的とで2つにわけることができます。そのうち私的な目的で設立される法人をさらにわけ、営利目的か非営利目的かを区別しています。事業を通して得た利益を、法人の構成人で分配することが目的になっている場合は営利目的、それ以外の場合は非営利目的とみなします。会社はこの2つのうち、営利目的な法人のことだと覚えておきましょう。

法人と自然人について知ろう

さきほど法人という言葉が出てきましたが、法人とは一体なんのことでしょうか。法人とは、法律上で人と同じように人格があるとみなされ、主体的に事業を行うことが許されている団体のことです。人格があり、人同様の権利や義務が認められていますから、法人名義で財産を所有したり、契約を行ったりできるほか、納税の義務も生じます。

このように法人が人格を持っていることを「**法人格**」といい、法人を運営する人のことを「**自然人**」といいます。個人とは違って法人には寿命がありませんから、正式な手続きによって廃業してしまわない限り、その権利や義務は継続されることになります。

● 会社について知ろう

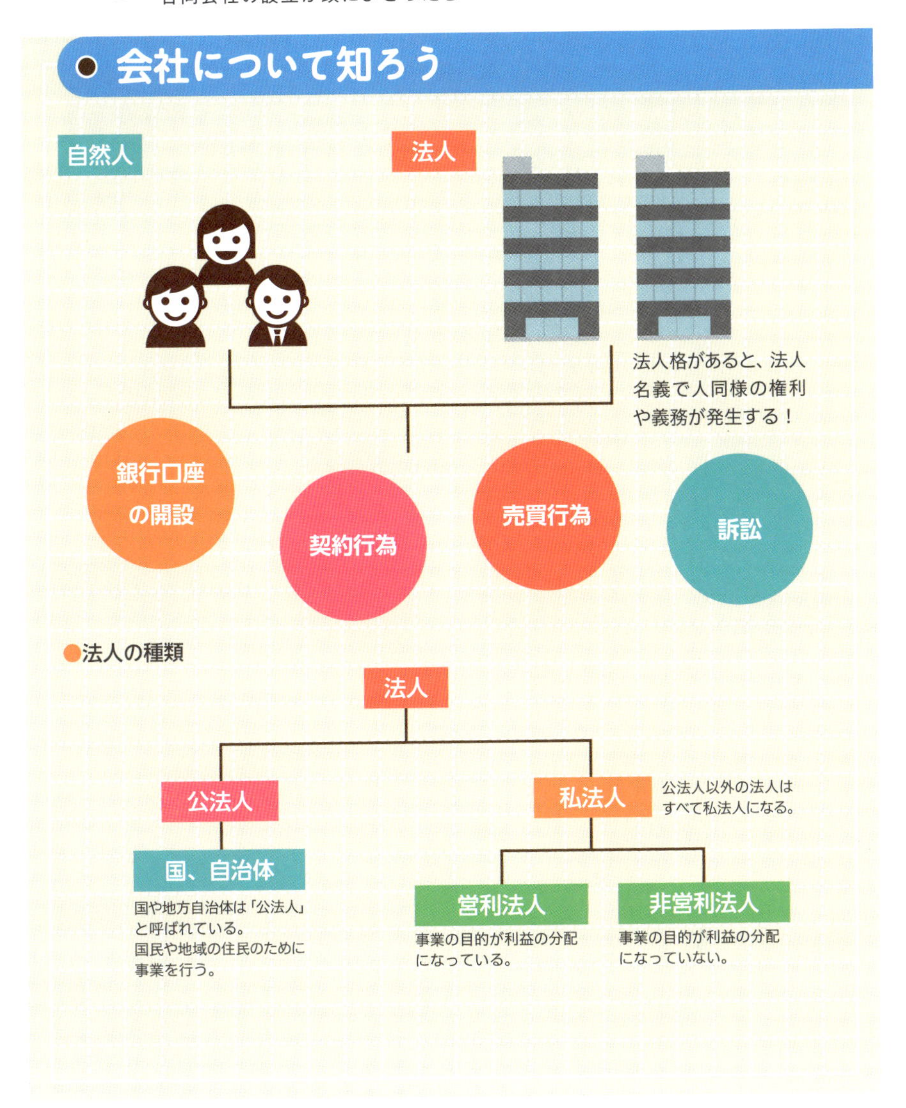

POINT!

自然人と法人を理解しましょう。法人格を手に入れると、法律上は人と同じ扱いになります。

いろいろな法人の種類

法人のちがいを知ろう

公法人と私法人の違いは？

前項では、法人はその目的の違いによって公法人と私法人の2つに分けられると説明しました。ここでは、改めてその2つの違いについて触れていきます。

公法人とは、国や地域など公共の事業を遂行するために設立される法人のことで、公的な活動が行われる組織や団体が対象になります。国や地方自治体は、公的な活動を行うために存在していますから公法人の扱いです。

一方**私法人**は、公的な目的ではない目的のために設立される法人のことを指しますから、公法人に含まれないすべての法人のことをいうと考えておけばいいでしょう。

公法人は、法律に基づき公権力の行使が認められていますが、総務大臣または都道府県知事の認可が必要になるなど、個人が設立できるようなものではありません。

一方私法人は、設立の要件さえ満たせば誰でも設立ができます。

営利法人と非営利法人のことを知ろう

独自の目的のために設立される法人「**私法人**」は、さらにその目的が営利または非営利なものかによって区別されています。事業を通して利益を出し、それらを分配する目的で設立される場合は「**営利法人**」といい、営利を目的にしない場合は「**非営利法人**」ということになります。ちなみに代表的な非営利法人には、**NPO法人**や**社会福祉法人**などがあります。

非営利法人の考え方としてよくある勘違いは、非営利だから利益を出してはいけないと考えてしまうことです。結論として、非営利法人であっても利益を出すことは問題ありません。というよりも、法人の運営を考えると利益を出さなければ継続的な運営ができなくなってしまいますから、むしろ当然なことです。

いろいろな法人の種類

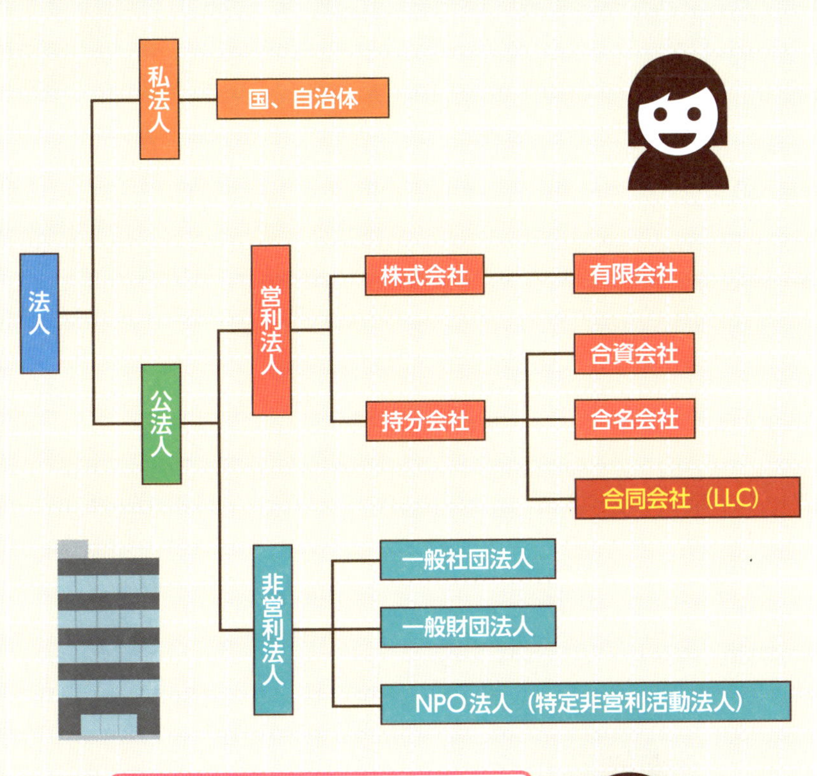

法人を設立する際は、自分の目的に応じた法人形態を選ぶのが一般的です。また、非営利法人は利益を出す目的が利益分配ではない点が重要です。事業によって生まれた利益は、事業拡大や、新規事業などに使われます。

POINT!

法人といってもいろいろな種類があります。公法人は個人で設立することはできませんが、私法人であれば個人で設立が可能です。

持分会社について理解しよう

2種類の営利法人

ここでは、営利法人について詳しく説明していきます。営利法人は左図のように資金の集め方や出資者の責任の範囲によって区別されています。株式という証券を発行して色々な人から会社の資金を集め設立する場合は株式会社、経営者が資金を出して設立する場合は持分会社です。株式会社は出資者と経営者が異なることもありますから法人を所有する人と経営する人が一致しません。一方で持分会社は経営者と出資者が同じですから、法人を所有する人と経営する人が同じであると理解するとわかりやすいでしょう。

株式会社は株式を発行することにより多くの人から資金を集めることができるので、極端なことを言えば、自分たちに十分な資金がなくても出資者を集めることができれば積極的な事業展開ができるようになります。それに対し持分会社は、出資者と経営者が同一ですから、基本的には自分たちの資本力に左右されます。

法人の所有形態の違いは、経営権や利益分配に大きく関わる

会社を設立するには資本金と呼ばれる会社運営の元手となるお金が必要ですが、上で説明した通り、株式会社は実際に経営する人以外からも資金を調達できます。そして資金の調達のために発行された株式の保有割合に応じて、出資者である株主が経営に関与することができるしくみが株式会社です。つまり、株式の保有が多ければ多いほど経営に対する発言権が強くなるので、時には経営者の思い通りの決定ができないこともあります。

また、出資者である株主は保有する株式を原則自由に譲渡することができますから、経営者自身が株の保有割合に注意しておかなければならないのです。

● 持分会社について

●持分会社のしくみ

持分会社は、経営者となる人（社員という）が出資し、設立します。
持分とは、出資者（社員）としての地位（議決権・配当請求権など）のことであり、株式会社の株券にあたります。

出資者と経営者が一致するのが特徴！

●株式会社のしくみ

株式会社は、株主から出資を受けて設立します。
株主は出資をする代わりにその証明となる「株式」を受け取り、会社の利益が出たときにその配当を受けることができます。

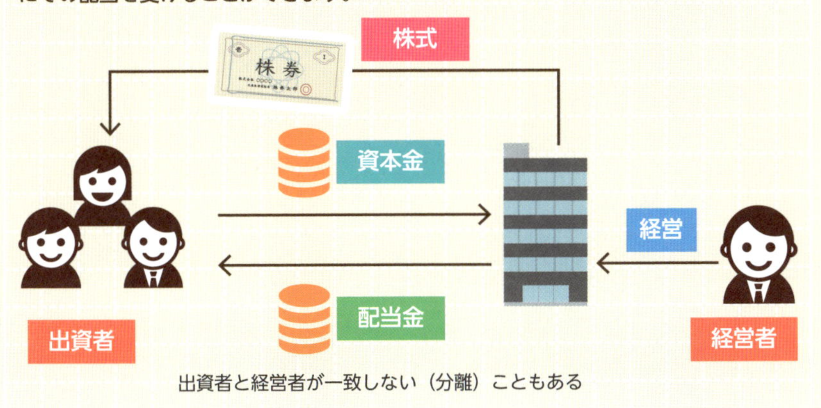

出資者と経営者が一致しない（分離）こともある

POINT!

経営者と出資者が同一の持分会社は、株式会社のような資金調達はできませんが、他人に経営権が渡らないので安心。

持分会社の責任範囲

合同会社(LCC)の有限責任って何?

なぜ有限責任があるのか?

個人が借りたお金に関しては、自己破産などの債務整理を行わない限り基本的に返済義務が生じるのは周知の事実です。しかし会社の場合はその限りではありません。

いくら会社が借りたものとはいえ、責任の範囲が限定的なのはおかしいと思うかもしれませんが、株式会社のように多くの人から出資を受ける場合、出資者に対しても負債の責任が生じるようなしくみだと、万が一のことを恐れて投資できなくなります。例えば自分が株を購入した会社が倒産した場合、自分は出資しただけで何もしていないのに負債の責任を負うとなれば、とても投資する気になりません。したがって安心して出資できるよう、出資額以上の責任を問わないことになっているのです。

合同会社も同様で自分が出資した金額以上の責任は原則問われないので、最悪の場合でも自己資産は守れます。

3つの持分会社について知ろう

持分会社は、本書で主に扱う合同会社のほかに**合資会社**、**合名会社**があります。これら3つの違いは何かというと、万が一の際に出資者がどの程度責任を負うかの違いです。会社が倒産した際に出資者が出資額を限度として責任を負うことを有限責任といい、出資額以上の責任を負うことを無限責任といいます。このことからわかるように、会社が抱えてしまった負債に対して支自分の財産から会社の負債を返済しなければいけないかどうかがわかれているのです。

先ほど挙げた3つの持分会社のうち、有限責任が適用されるのは合同会社のみで、合名会社は無限責任、合資会社は一部無限責任が生じる決まりです。

ちなみに、持分会社ではありませんが株式会社も有限責任会社になります。

● 合同会社の（LLC）の有限責任

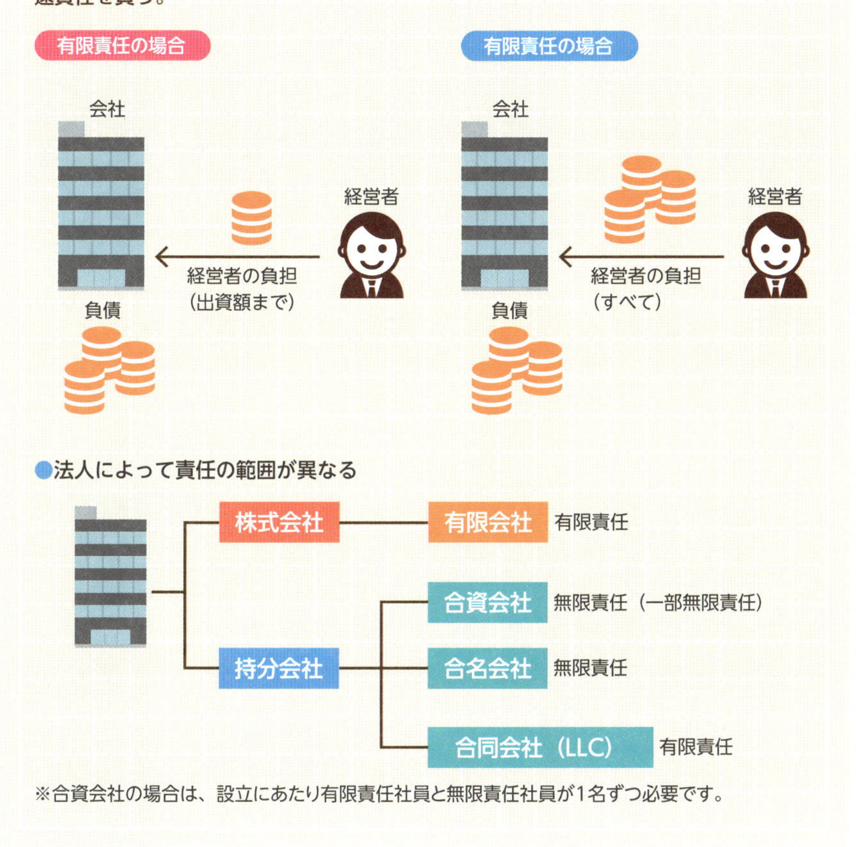

POINT!

持分会社でも、合同会社のみが有限責任です。最悪の場合、個人の資産を守れるので持分会社を設立するなら合同会社がおすすめです。

持分会社にするなら、合同会社が有利

合同会社の設立メリット

持分会社を設立するメリットとデメリット

ここでは持分会社を設立するメリットとデメリットについて整理しておきましょう。

持分会社を設立するメリットは、次のような4つがあります。

- **設立コストや運営コストが安い**
- **スピーディーな意思決定ができる**
- **役員の任期がない**
- **決算公告が不要**

持分会社の場合、出資者と経営者が同じですから、会社法上の縛りがあまりなく、出資者同士で柔軟に意思決定できることが魅力です。万が一経営がうまくいかなくても、株式会社のように多くの出資者に迷惑をかけることはなく、自分たちが責任を負うだけです。また、株式会社と違って設立コストが安く済むだけでなく、役員の任期がないことから、わざわざ株主総会を行なって新たに役員を決定するといったプロセスも不要で、そのための登記手続きの費用もいりません。

ただし、持分会社のデメリットもいくつかあります。持分会社を設立するデメリットは次のようなものがあります。

- **合同会社以外の設立形態では、無限責任が生じる**
- **株式会社に比べ、信用度が低い**
- **意思決定には出資者全員による決議が必要**

すでに説明したように、持分会社でも合同会社以外の2社のどちらかを設立すると、無限責任が生じてしまい、万が一の際に会社の負債を背負わなければなりません。

また、合同会社は設立が認められるようになってから日が浅いため、まだまだ国内では認知度が低いのが現状です。株式会社との違いについてはっきりと知らない人も多いので、なんとなく信用できないという人もいます。

● 合同会社の設立メリット

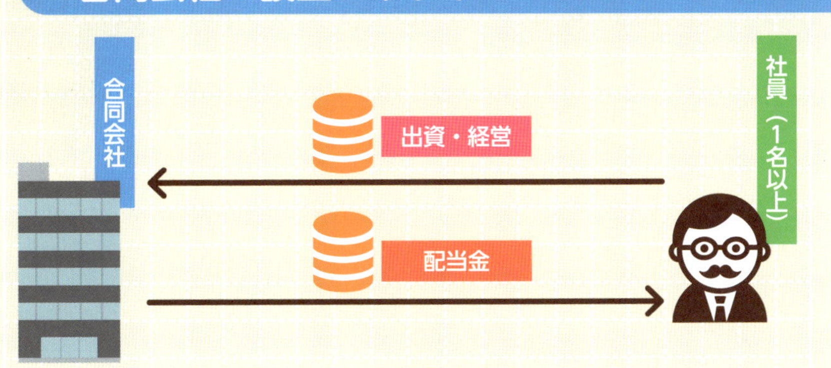

設立のメリット

- 会社設立費用が安い
- 有限責任でいい
- 迅速な意思決定ができる（株主の承認が不要）
- 配当金の分配比率を自由に設定できる
- 役員の変更がないので手続き不要
- 決算公告義務

設立のデメリット

- 認知度や社会的信用度が低い
- 出資者全員に平等に議決権があり、意見が分かれると意思決定できなくなる
- 社長の肩書きが代表社員となる
- 役員の任期がないのでやめてもらうには解任手続きがいる

合同会社は、株式会社と違い株主総会や役員の任期がありません。その分経営の意思決定も早く、スムーズに経営が行えます。

資金調達の面で考えると、株式会社の場合は株式を発行することで大規模な資金調達を行うことも可能ですが、合同会社は株式を発行できないため、新たな出資者を募るか社債の発行もしくは借入金で資金調達を行うことになります。ちなみに社債とは、会社が資金調達を行なうときに、小口の証券を発行して買受けてもらい、多くの人から少しずつ資金を提供してもらう仕組みです。

POINT!

株式会社より信用面は劣るものの、設立メリットはたくさん。持分会社なら合同会社がおすすめです。

合同会社が向いている人

どんな人が合同会社を設立するのか？

自己資金で設立し節税効果も期待したい人向き

会社設立を検討している人で持分会社を選択する場合は、リスクの少ない合同会社の設立がおすすめだとお伝えしましたが、ここでは合同会社の設立が向いている人についてより詳しく説明していきます。

合同会社の設立がおすすめなのは、ビジネス上、法人名義があった方が望ましいけれど**自己資金で小規模スタートしたいという人**や、節税効果を狙い、主に**節税のために会社設立を検討している個人事業主**、**地域密着型の店舗経営など小規模な事業展開を考えている人**、あるいは**仲間同士で出資して起業を考えている人**です。特に個人事業からの法人成りではなく、ゼロから起業する場合、はじめは小規模でリスクを最小限にしておきたいと考える人もいるはずです。その点では、設立の手間やコストを軽減できる合同会社は向いていると言えます。

節税したい個人事業主

個人事業主として事業をしている人で、売上が増え節税を考えたくなった時に、まず考えることが法人化です。詳しくは後述しますが、法人になると個人事業では認められていなかった費用が経費として認められるようになるなど、**税制面で優遇があります。**

小規模な事業展開を予定している人

1人でビジネスを予定しているものの、取引先との関係構築や信用力を考慮して法人にしたいという人は合同会社が最適です。特にクリーニング店や美容室、飲食店、小売など、会社の名前よりもお店の名前が集客に影響するような場合は、株式会社でなくても問題ないでしょう。また、従業員やアルバイトを雇いたいときも、個人事業より人材募集がしやすくなります。

● どんな人に向いているのか？

	合同会社	株式会社なら	個人事業
自己資金で設立したい人 小規模で設立できリスクは最小限 個人事業主 地域密着の小売店、飲食店など 副業で法人を設立したい人	責任は有限 設立費用が安い 10万円～ 維持費用が安い	責任は有限 設立費用が安い 23万円～ 維持費用が高い	責任は有限 設立費用がゼロ 維持費用が安い
節税効果を期待したい人 個人事業の事業所得が増えると税金が高くなるが、法人にすれば経費扱いできる範囲も増える	経費の範囲が広い 役員報酬は経費 法人税率は固定 赤字繰越ができる 最長10年まで 配偶者控除や 扶養控除が使える	経費の範囲が広い 役員報酬は経費 法人税率は固定 赤字繰越ができる 最長10年まで 配偶者控除や 扶養控除が使える	経費の範囲が狭い 事業主への給料は 経費にならない 事業税は累進課税 赤字繰越ができる 最長3年まで 配偶者控除や 扶養控除が使える
少人数で起業を考えている人 株主がいないので、定款に定めれば自由な機関設計ができる。	株（持株）の保有率に関わらず平等に代表権がある	株式の保有数により発言権が決まる	複数名で起業不可

1人1人の意見を大切にしたい場合にも向いている

合同会社は、出資額の多少にかかわらず、平等に発言権があるのが特徴です。したがって、少額出資者の意見も尊重したいときには株式会社よりも合同会社のほうが向いています。

POINT!

個人事業からの法人化だけでなく、仲間と起業する場合も等しく代表権のある合同会社は運営面で自由度が高いです。

SECTION 08

合同会社に向いているビジネス

小規模展開なら合同会社がおすすめ

スモールビジネスにおすすめ

法人の形態はいろいろありますが、合同会社に向いているビジネスというのがあるのでしょうか。「このビジネスなら合同会社」という決まりのようなものはありませんが、一般的には**スモールビジネスがおすすめ**だと言われています。例えば、小売業やサービス業、エンドユーザー向けの小規模なBtoC事業などです。他にも、ITやWeb関係の事業もおすすめです。

合同会社の場合は、設立も比較的簡単ですし、意思決定のスピードが早いのがなによりの特徴です。ですから、スピーディーで小回りがきく会社形態のほうが事業戦略として向いていると思われるビジネスなら、合同会社の設立がおすすめです。

他にも、前項で触れたように**屋号が集客に影響しない事業（例えばクリーニングや美容室、飲食店など）も合同会社向き**といえます。繰り返しになりますが、合同会社という知名度や信用度はまだまだ低いと言わざるを得ません。法人形態を考えるなら、信用面や集客面を考慮して決めてください。

上場しなくてもいいなら合同会社

株式会社であれば、事業の成長しだいでは上場するといった夢がありますが、合同会社には上場がありません。そのため、最初から小規模での展開を考えている事業であれば、合同会社のほうが手続き等の負担も少なくなります。例えば、事業を成長させるつもりはあるが、地域密着型のビジネスとしてエリアを限定する予定という場合も、合同会社の方が小回りがきき運営しやすいでしょう。ちなみに株式会社も株を非公開にすることができますが、**規模の拡大を目指さないなら合同会社で十分**だと思います。

● 合同会社に向いているビジネスは？

観点	考え方	向いている会社
事業発展性	ガンガン大きくしたい	株式会社
	こじんまりやりたい	合同会社
将来性	代々事業を引き継ぎたい	株式会社
	自分一代のみを考える	合同会社
意思決定	組織化していきたい	株式会社
	自分がすべて	合同会社
コスト	コスト以上の価値を得たい	株式会社
	なるべく安く抑えたい	合同会社

●屋号が集客に影響しないケース

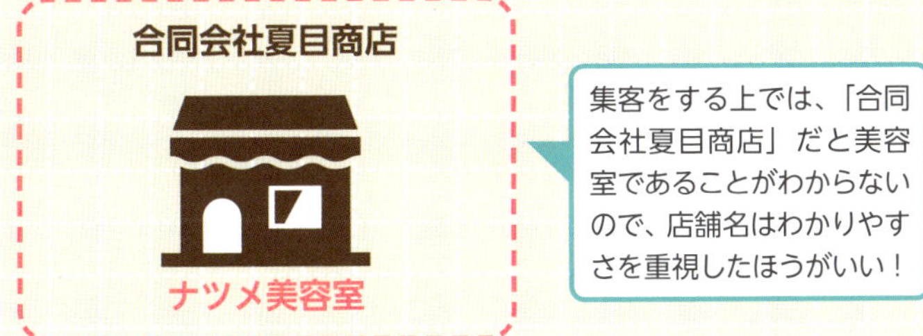

合同会社夏目商店
ナツメ美容室
集客をする上では、「合同会社夏目商店」だと美容室であることがわからないので、店舗名はわかりやすさを重視したほうがいい！

POINT!

合同会社に向くのは、スモールビジネス。なるべく初期はコストを押さえたい人や、法人格が必要な人におすすめです。

個人より信用力があり、認められる経費が多い合同会社

合同会社を検討している人の中には、個人事業か合同会社のどちらで事業を行うかを迷っている人もいると思います。ここでは、社会的信用、税金や社会保険、経理事務、設立や運営の手続きの面から、個人事業と合同会社の違いについて考えてみましょう。

●社会的信用は？

社会的信用は法人の方が優れています。

法人は登記が必要で、会社法などの法律に基づいて運営しますので、**社会的な信用が高くなります。**販売拡大や人材採用、金融機関からの融資などで個人事業より有利になります。

●税金は？

利益が少ないうちは個人事業の方が税負担は少なく、利益が多いと法人が有利になることが多くなります。個人が負担する所得税は累進課税ですから高額所得（利益）の税率は高くなります。一方で法人は赤字でも法人住民税の均等割である年7万円を納めなければなりません。しかし、法人から社長に支払う給与は経費とすることができ、社長個人の所得税の計算では給与所得控除が適用されます。また、**法人の方が経費として認められるものが多くなります。**

●社会保険は？

個人事業では、国民年金と国民健康保険に加入することが多くなります。一方で法人を設立すると、厚生年金と協会けんぽ（健康保険）に加入します。厚生年金保険料は国民年金保険料より一般的には高く、給料の18・3％（法人と社長個人の負担合計）です。**保険料負担は重たいですが、将来受け取る年金は増えます。**

●経理などの事務作業は？

経理事務は個人事業の方が少ない負担で済みます。個人事業では毎年、確定申告を行いますが、書籍や青色申告ソフトを利用して自分で申告書を作成できます。

● 個人事業と合同会社の違い

●会社法ではこのように定められている

比較項目	個人事業主	合同会社
節税のしやすさ	低い	株式会社には劣るが法人としての信用度は得られる
設立費用	0円	約10万円
意思決定	自分の意思決定のみ	全社員による決議
経営の自由度	高い	高い
設立の手続き	簡単	やや簡単
法人格	なし	あり
節税のしやすさ	しにくい	しやすい
役員の任期	なし	なし
利益配分方法	なし	出資比率に関係なく、あり
税金の種類	所得税	法人税
社会保険	なし（従業員5人以上で強制加入）	1人でも加入（役員報酬の支払いがなければ不要）
代表者名称	なし	代表社員

個人事業と比べれば、設立手続きは面倒

個人事業では、税務署に「個人事業の開業・廃業等届出書」（開業届）を提出し、都道府県税事務所と市町村に「事業開始等申告書」を提出すれば済みますので簡単です。
株式会社や合同会社を設立する場合は、法人の根本規則となる定款の作成や法務局での登記が必要になります。設立に数週間はかかりますし、登録免許税などの費用もかかります。

POINT!

個人事業主よりも法人のほうが節税メリットは高くなるので、個人で一定額以上売上がある場合は検討してみてもいいでしょう。

株式会社と合同会社の違い

株式会社よりも自由度が高い合同会社

知名度と社会的信用度が違う

法人化の際、株式会社にするか合同会社にするかを迷う人は決して少なくありません。どちらも同じ「法人」ですが、この2つは知名度や社会的な信用度において大きく違いがあります。言うまでもなく株式会社の方がポピュラーですから、**事業を展開する上で社名がどのくらい影響するかを踏まえた上で検討するといいでしょう。**

ただし個人事業からの法人成りの場合、それまで個人事業でも問題なく事業が行えていたというのであれば、あまり知名度に関しては気にしなくてもいいかもしれません。

とはいえ、中には「法人としか取引しない」というだけでなく「株式会社としか取引しない」という会社も存在しますから、取引相手を考慮しながら考えてみてください。

役員の任期がない

株式会社の場合は役員に任期があります。**合同会社の場合は、役員の任期がありません。**出資する人は原則として業務を執行する人と同一だと見なされますから、役員を退任したり、会社を廃業したりしない限りはずっと役員で居続けることができます。

利益配分や意思決定は自由に決められる

株式会社の場合、利益配分や意思決定については出資額に比例するのが原則です。要するに、多く株を所有していればいるほど、その人の意見が強くなり、利益も多くなるということです。それに比べ合同会社は、**利益配分や意思決定と出資額は比例しません。定款で自由に定めることができますから、柔軟な会社運営が実現できます。**

● 株式会社と合同会社の違い

●会社法ではこのように定められている

比較項目	株式会社	合同会社
会社の所有者	株主	社員（出資者）全員
経営を行う人	所有者と異なる	所有者と同一
意思決定の要件	株主総会	全社員の同意
経営の自由度	低い	高い
公証役場での定款認証	必要	不要
設立費用	約22万円	約10万円
決算公告の義務	あり	なし
役員の任期更新	通常2年 最長10年ごとに必要	不要
利益配分方法	出資比率に応じる	自由に決められる
資金調達方法	幅広い	限定的
株式市場への上場	できる	できない
会社の代表者名称	代表取締役	代表社員

どちらにすべきか決められないときは……
株式会社と合同会社それぞれにメリット・デメリットがあります。自分自身の設立時の状況や事業形態によっても判断が異なりますから、迷ったら専門家のアドバイスを受けるのもおすすめです。自分のやりたいことや会社の将来像、資金調達について相談してみましょう。

POINT!

株式会社との大きな違いは、経営に他人が入らないこと。出資した人が経営者として業務も行うのが、合同会社の最大の特徴です。

合同会社の「社員」の定義を理解しよう

合同会社の役員は「社員」という

株式会社では、出資した人と経営する人が異なることも多いですが、合同会社は原則同じだとお伝えしました。また、株式会社では経営する人たちのことを「役員」といいますが、合同会社では「**社員**」といいます。ここでいう「社員」とは、一般的な会社における社員とは異なります。**合同会社での社員とは、経営に参加する人たちのこと**です。株式会社に置き換えると、「役員」にあたると考えておけばいいでしょう。

また、株式会社では役員のことを取締役といい、取締役の中から代表者となる「代表取締役」を選びます。いわゆる社長です。では合同会社はどうなるかというと、同じように代表となる人を選出したら、その人は「**代表社員**」と呼ばれるようになります。ちなみに代表権限のない社員は「**業務執行社員**」といいます。

合同会社では、原則として出資者の全員が代表権を持てることになっていますが、現実的に考えると、それではスムーズな意思決定ができません。そのため、代表社員を選出する必要があるのです。

業務執行社員とは

業務執行社員は、株式会社での取締役兼株主にあたる役職で、経営実務を行う役割があります。**定款で業務執行社員を定めると、それ以外の社員は経営に関わることができません。**業務執行社員を定める理由としては、決定権の所在を明確にすることや経営に携わりたくない社員と区別することが挙げられます。なお、**業務執行社員を定めなければ、社員全員が業務執行社員となります。**

ただし出資だけするという社員もいることがあります。その場合は、定款に定めることによって業務執行社員とそうでない社員を区別することができます。

● 合同会社の社員とは？

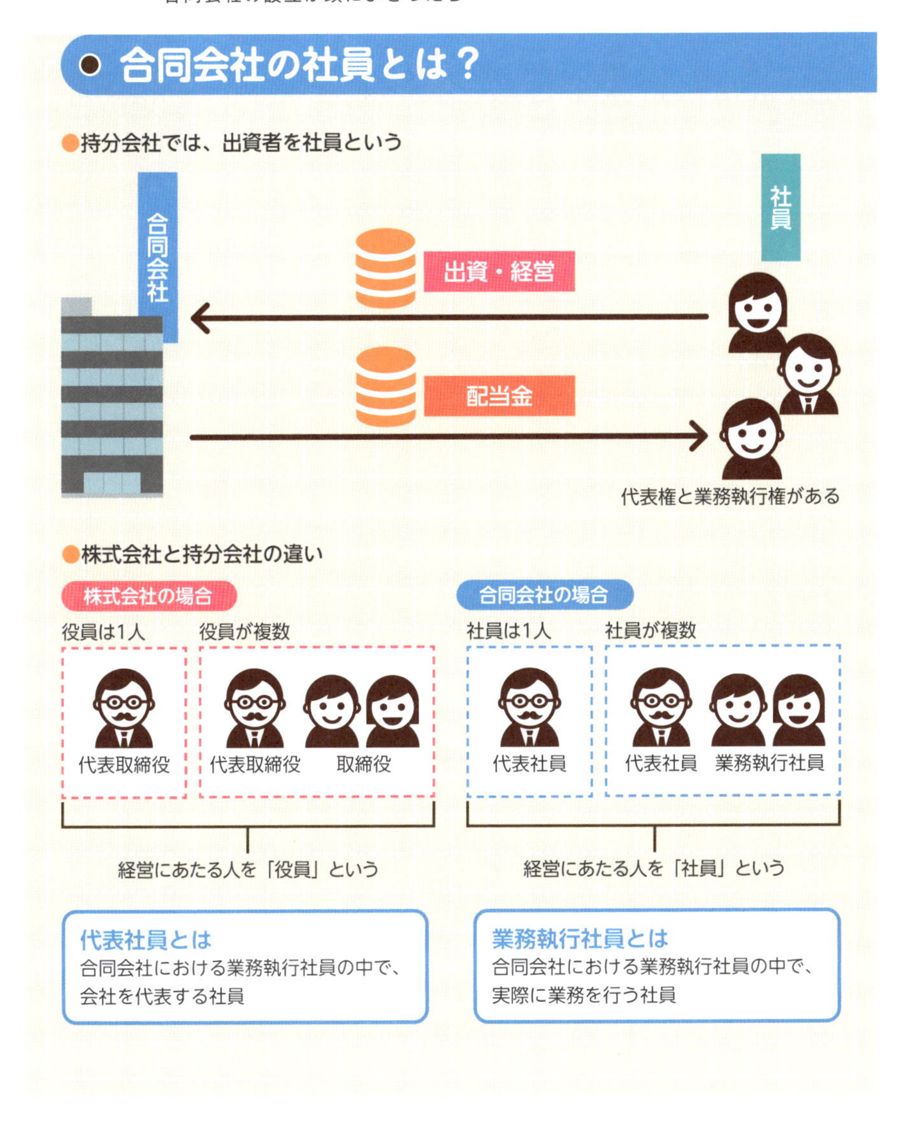

POINT!

株式会社のように「役員」という概念はなく、「社員」といいます。ただ、一般企業における社員とはまったく別物なので注意してください。

SECTION 12 個人事業からの法人化で多いのはこのタイプ

1人で設立する場合

個人事業での法人成りはこのタイプ

個人事業から法人成りする事業者の中には、1人社長として合同会社を設立する人も少なくありません。個人事業から法人成りすることで、社会保険への加入もできるようになりますし、経費の適用範囲が広がるため税負担を軽減できるからです。

例えば、個人事業主は事業所得がすべて課税対象となりますが、合同会社なら、要件を満たせば**自身への役員報酬を経費として扱うことが可能**です。事業所得が増えてきた個人事業主で、かつスモールビジネスを営む事業者から合同会社は人気です。

組織構成がシンプルな1人社員

合同会社を1人で設立する場合は、組織構成がシンプルになります。いわゆる1人社長の会社になるわけですから、**「代表社員」と「業務執行社員」を兼ねることになります。**意思決定についても1人で決定していける分、スピーディーになりますし、利益配分なども決める必要がありません。

自分だけで資金を準備しなければならない

1人会社の場合、設立にあたって出資金（資本金）を用意するのは、基本的に自分しかいません。合同会社は資本金1円から設立が可能ですが、あまりに資本金が少ないと、事務所を借りる際の契約料や備品購入の資金が足りなくなる恐れがあります。

一般的には**資本金として、初期費用に運転資金3か月分を足した金額程度は用意しておいた方がいいといわれています。**会社設立前には、できるだけ余裕を持って資金を準備しておきましょう。

● 1人で設立する場合

1人で合同会社を設立する場合は、代表社員と業務執行社員を兼任します

代表社員 ＋ 業務執行社員

●1人で合同会社を設立する場合の特徴

資本金の準備	すべて自分で用意
設立の手続き	すべて自分で行う
	代行する場合（費用負担）
意思決定のスピード	早い
集客	1人に集中
役員報酬	自分で決められる。分配しなくてよい

●1人会社を設立する際の理由

事業開始の時点から法人化のパターン

- 取引先との契約で法人化が条件になっている
- 取引先への信用を獲得したい
- 個人情報をあまり知られたくない

個人事業から法人化のパターン

- 事業所得が増えてきた（税金負担が大きくなる）
- 事業拡大したい

資本金は全額自分持ち

POINT!

1人での起業は大変な面もありますが、揉（も）めるリスクが少ないです。人手が足りなければ、雇用するなどして対応していきましょう。

複数人で設立する場合

家族や仲間同士で会社をつくる時のポイント

組織構成を決める必要がある

家族や仲間同士で会社を設立する場合も、合同会社を選択する人が多いです。資本金を複数名で分けることができるので、1人で設立するよりも設立時の負担が軽くなります。ただし、複数名で設立する場合のポイントとしては、組織構成をどのようにするかをよく考えることです。合同会社の場合、出資者は全員等しく代表権がありますから、**代表権を全員に持たせるのか、あるいは一部の人に限定するのかを決めておくといいでしょう。**代表権を一部の人に持たせる場合は、定款に定めることでその効力を発揮します。

意思決定や利益配分について決めておく

先ほど、組織構成について決めておくといいといいましたが、特に決めておきたいことは意思決定や利益配分についてです。株式会社であれば、株の保有率によって意思決定や利益配分が決まりますが、**合同会社の場合は定款に定めることで自由に決められます。**

極端なことを言うと、自分たちの好きなようにルールを決められるのが合同会社の特徴なのです。

代表社員は複数名でもOK

合同会社の代表社員は1人でなければならないという決まりはありません。株式会社なら、代表取締役は1人しか選出できませんが、合同会社の代表社員は1名でも複数名でも選出できます。ただし、1つ問題があります。それは、登記する際の印鑑です。複数名が代表社員になった場合は、印鑑を届け出る代表社員を1名決めなければなりません。**会社の代表印は、印鑑1つにつき代表社員1名と定められており、1本の印鑑を複数で共有することはできません。**

● 複数人で設立する場合

代表社員　業務執行社員

複数人で合同会社を設立する場合は、社員の中から代表社員を選出します。

●複数人で合同会社を設立する場合の特徴

資本金の準備	社員で分ける
設立の手続き	代表者が行う
	代行する場合（費用負担）
意思決定のスピード	遅い。株式会社よりは早い
集客	社員全員で取り組める
役員報酬	社員全員の総意で決める。分配する

●合同会社は各社員の持分（もちぶん）管理が必要！

持分とは、社員が会社財産に対して有する分前を示す計算上の数値のこと。
株式会社と異なり、合同会社は各社員の資本の持分を管理する必要がある。

社員名	資本金	資本余剰金	利益剰余金	合計
A	2,000,000	500,00	500,00	3,000,000
B	1,000,00	500,00	1,500,000	3,000,000
合計	3,000,00	1,000,000	2,000,000	6,000,000

資本金は社員全員で負担

資本余剰金、利益剰余金とは

合同会社の社員が出資をするなどした資本取引から発生する剰余金のことです（利益から発生する利益剰余金とは異なる）。利益余剰金とは企業活動で得た利益のうち、社員に分配せずに社内に残った（積み立てた）お金のことです。

POINT!

複数名で設立する場合は、利益の分配などもきちんと管理することが大事。株式会社は株の保有できまりますが、合同会社は自分たちで決められます。

法人が経営者になれる！

株式会社との大きな違い

合同会社は、**法人が社員になることもできます。**これは株式会社にはない制度です。例えば自分が法人を所有している場合で、友人と一緒に合同会社を設立する場合、自分の所有する法人を社員にすることができるのです。

法人が社員になったからといって、代表権がなくなるといったことはなく、人が社員になるのと同じ権限が与えられます。また、法人が合同会社の代表社員になることも可能です。前項で、複数の社員がいる場合には代表社員を決めなければいけないといいましたが、法人を代表社員として登記できます。

法人が社員になるときは、職務執行者を決める

しかし、法人が社員になるといっても、実際に法人が業務を行えるわけではありません。ですから、法人を社員にした場合は、**職務執行者**として実際に業務を行う人を選出する必要があります。また、職務執行者を選出したら、他の社員たちにもその執行者の住所や氏名などを知らせなければなりません。ただし、この職務執行者はその法人の代表者でなくても構いません。例えば、**代表者ではない社員などが職務執行者になることもできる**のです。

ただし、少々面倒なこともあります。合同会社では、法人が社員になったり代表社員になったりできますが、その分、設立時に提出する書類が増えます。例えば、法人が代表社員になった場合、その法人の登記事項証明書を提出するほか、職務執行者の就任承諾書や選任に関する書面などが必要になります。また、定款等への押印の際も、社員となる法人の代表印なども必要です。

ちなみに社員になれる法人形態については特に定めはありません。

● 法人が社員になる場合

代表社員　　業務執行社員

合同会社では、法人も社員になることができます。代表社員や業務執行社員にもなれます。

●業務執行社員に法人が含まれる場合

代表社員　業務執行社員　職務執行者

法人が代表社員や業務執行社員を務める場合は、実際の業務にあたる人を職務執行者として指名します。

※社員になれる法人形態に決まりはありません。

業務執行社員と職務執行社員はどう違う？

業務執行社員と職務執行社員はよく似た言葉ですが、職務執行社員は法人格が社員になったときに限って選任されます。
合同会社の場合、社員は実際に業務を執行する役割を担うことを前提としていますので、法人の場合「誰が実際に仕事をするのか？」を明確しなければならないのです。
職務執行者は、業務執行社員となる法人の代表者でなくても構いませんが、本人の同意が取れていることが前提です。

POINT！

法人も社員として設立メンバーになれます。ただし、法人が実際に業務をするわけではないので、実際に業務をする人を指名してください。

自分の給料はどうなるか？

給料は役員報酬として受け取れる

会社を設立すると、自分の毎月の給料はどうなるでしょうか。合同会社を設立すると、出資者である自分は社員となりますから、**役員報酬**として毎月会社から支払われます。

合同会社の場合は「役員」ではなく「社員」といいますが、会社法上では会社の役員の給料は役員報酬と言われています。

合同会社での役員報酬は、**定款によって報酬額が決められており、毎月必ず支払わなくてはいけないことになっています。**例えば、個人事業であれば自分の給料を毎月好きなように決めることができます。「今月は収入が少ないから、自分の給料はあまり取らないでおこう」などということができましたが、役員報酬は原則として毎月支払うことになっています。

また、**役員報酬の額は1年に1回しか変更することができません。決算日以降2ヵ月以内に社員総会を開催し、次の事業年度における役員報酬を決定します。**もしそのタイミングで役員報酬を変更する場合は定款を変更しなければなりません。

このことからもわかるように、役員報酬は一度決めたらそう簡単に変更することはできないのです。

役員報酬に諸手当はない

会社員であれば、役職手当や家族手当、通勤手当などの諸手当がありましたが、役員報酬にはそうした手当がありません。役員報酬は、毎月同額でなければならないという決まりがあるため（**定期同額**といいます）、諸手当をつけることができないのです。ただし、出張手当は旅費規定を設けることで支給が可能になります。

合同会社の役員報酬は？

●役員報酬を支払い始めるタイミング

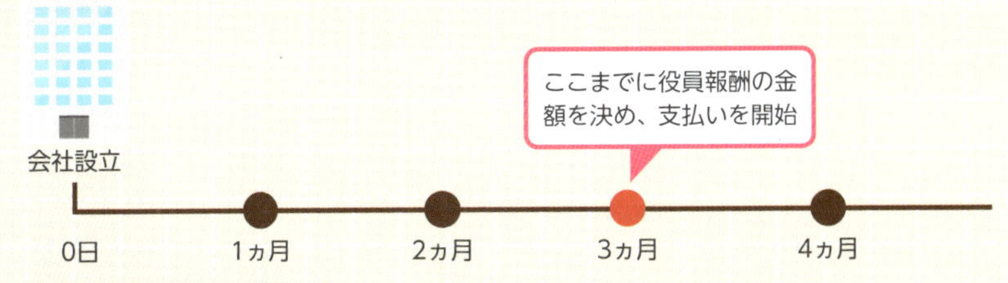

●役員報酬の変更タイミング

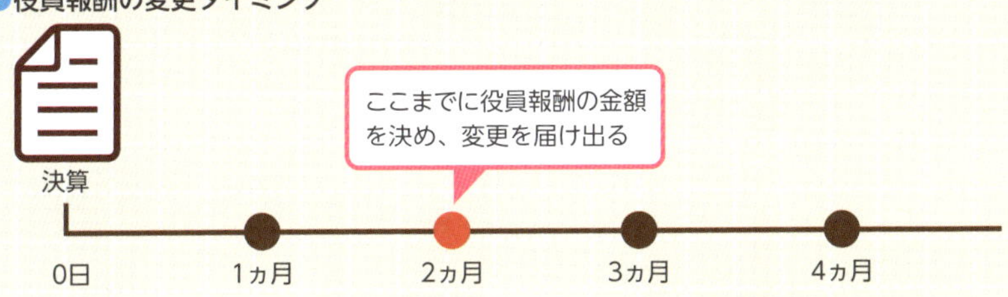

●役員報酬は毎月同額でなければならない

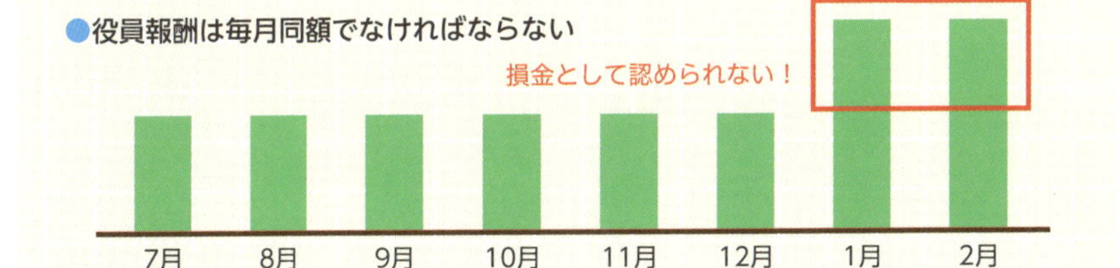

役員報酬は経費になる

役員報酬は、個人事業とは異なり経費として損金扱いにできます。個人事業では、自分の給与は経費にすることができず、事業所得から差し引くことができませんでした。ですが、法人の場合はそれが可能になります。ただし役員報酬を経費扱いにするには条件があり、定期同額のルールを守らなければなりません。

POINT!

役員報酬は、毎月一定額が基本です。最初から高く設定してしまうと、経営を圧迫する恐れもあります。金額の変更は決算後しかできません。

SECTION 16

合同会社が支払う税金

個人事業よりも節税効果は高くなる

合同会社を設立すると、個人事業よりも経費に計上できるものが増えます。最も大きいのは、役員報酬です。役員報酬が経費にできることは前項でも触れましたので詳しくは割愛しますが、役員報酬以外にも車や社宅の家賃などを経費にすることができるようになります。

経費計上できるものが多くなり節税効果も

合同会社に課せられる税金

個人事業の場合は、事業所得が増えれば増えるほど税率が高くなる**累進課税**が適用されています。それに対し法人にかかる法人税は、**固定税率**のため累進課税の所得税よりも低い税率になることがあります。要するに、所得額によっては個人事業主より納める税金が少なく済むことがあるということです。

法人を設立すると、毎年**法人税**という3つの税金が課せられます。その3つの税金とは、**国税である法人税**と、**地方公共団体への税金である法人住民税、法人事業税**です。個人事業に比べると、支払う税金が増えることで負担が大きくなるイメージがありますが、実際には法人にした方が節税効果がある場合もあります。

消費税でも節税できる

法人を設立すると、**消費税の納税義務が発生します。**個人事業でも、課税売上高が1000万円を超えると、自動的に課税事業者として消費税を支払わなければなりません。ですが、消費税の計算は2年前の事業実績をもとに決めますから、課税売上高が1000万円を超えたからといって、すぐに消費税を納税しなければならないわけではありません。ただし、**消費税の免除については課税事業者登録をした事業者には当てはまりません**ので、注意が必要です（詳しくはP156）。

合同会社が支払う税金

●個人事業と法人の税金の違いとは？

個人事業の場合は、法人に比べ経費の範囲が少ないため、所得が増えれば増えるほど事業税も増えてしまう。一方法人の場合は、経費範囲が広いため、税対象のを少なくできる。

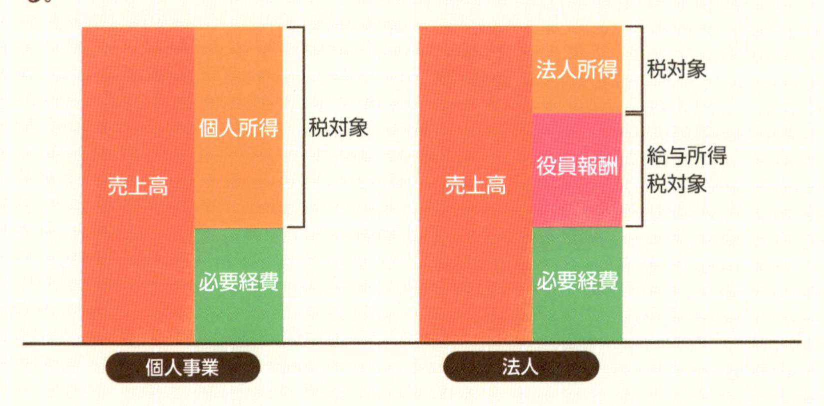

●個人事業と法人の税金の違いとは？

給与所得（役員報酬）

所得税の対象 | 控除 | 控除

役員報酬は給与所得の扱いになる。役員個人に対する所得税は発生するが給与所得から配偶者控除などさまざまな控除が適用できる。

●ほかにも……

車など、個人事業では経費にできないものが経費として認められる分も節税につながる！

POINT!

役員報酬を経費にできます。役員報酬に対しては当然所得税がかかりますが、さまざまな控除が使えるのでその分節税につながります。

外資系企業は なぜ合同会社が多いの？

合同会社に向いているのはスモールビジネスと書きましたが、一方でGAFAなどの外資系企業の日本法人は設立形態として合同会社を選択しています。

スモールビジネスじゃないのに、なぜ？　と思われるかもしれませんが、それにはアメリカの税制が関係しています。

GAFAの日本法人が合同会社を選択する理由としては、まず機関設計が必要ない合同会社なら、母国のルールに合わせた会社経営を行うことができます。ですから、会計の監査基準も母国のルールで行えるようになるのです。

例えばアメリカの場合、日本法人の法人形態が合同会社であれば、パススルー課税という課税方式を選択できることになっています。

パススルー課税とは、法人や組織に課税せず、構成員に課税する方式なので、企業の利益には法人税がかからず、出資者が所得税を支払うだけでよくなるのです。

ただし、あくまでもこの税制はアメリカの制度ですから、日本に本社がある会社を設立する場合には当てはまりません。通常は普通法人課税といい、会社に対しては法人税、構成員に対しては所得税が課せられることになっています。

ちなみに日本でパススルー制度が認められているのは、法人格を持たない組合のみです。

組合は法人格を持たないため、組合に対してではなく構成員に対して所得税が課税されます。

CHAPTER

02

合同会社の設立準備

ぼくは合同会社を作ります！
ぜひ教えて下さいりすくん！
りすくん……？
あ！ごめんっ
立秋が近いものでつい……
たまに冬眠しがちだけど許してね
立秋ってまだ夏よ
不安だわ……
むくむくむく
え？
私の不安にも反応して大きくなっちゃうのよこの子
はやく法人化して安心させないと……

ではあらためて
そもそもこれから作る会社って
どんな会社かな？
チューケンは文字にできる？
ぐぐぐ……

基本事項
どこで
誰が
何をする？
社名は？
本店所在地はどこなのか
社員は何人か
今後やる可能性がある事業目的は？

ぼくはもう
個人事業主だから
ハッキリしてる
ことのような
気もするけど
……
大事なこと？
基本事項
法人は
後で変更すると
そのたびに
再申請……
お金もそのつど
かかるんだよ
所在地や
事業目的が
変わったり
社員が増えたり
してもね
変更する
たびに
お金が？
それって
大事な
ことよ！
守銭奴→
¥

個人事業主は
その時の勢いで
始めても
大してリスクを
感じなかったな
でも
法人の
スタートは
重みが
違うのか……
基本事項は
今のことじゃなくて
今から先のことを
考えないと

あっでも
社名なら
考えました
「合同会社
シャイニング
デザイナーズ」
SHINEな
社員を
目指すんだ～
ちょい
ダサ
……
それより
「合同会社
グローバル
システムズ」
なんて
ど～お？
ふる
ダサ
……
「〇〇ズ」って
何……？
1人社員なのに

りすくんが
どんどん
大きく……!?
何かリスクの
高い基本事項を
考えちゃったんじゃ
ないの!?
むく
むく
むく
むく
2章で基本事項を
じっくり考えよう！

SECTION 01

合同会社と株式会社の基本構成のちがいは？

会社の機関について知っておこう

会社には法人格という法律上の人格が認められていると説明しました。とはいえ、いくら法人格があっても実際には人が運営しなければ存在するだけになってしまいます。ですから実際に意思決定を行う人や運営する人たちを特定しておく必要があります。この会社の意思決定を行い実際に運営に携わる人たちの集まりのことを「**機関**」といいます。特に株式会社の場合は、出資者である株主は実際の経営に携わらないこともありますから、健全な経営が行われるかどうかを監視しなければなりません。

この際、誰がどの役職につくのかを決めることを「**機関設計**」と言います。機関設計については会社の規模に応じていくつかルールがあり、例えば株式会社の場合は株主総会を必ず設置しなければなりません。他にも、取締役会や監査役など会社の規模に応じて設置しなければならない機関が存在します。

合同会社の機関設計はどうすればいい？

出資者と経営者が異なる株式会社の場合は、どんな会社でも株主総会を必ず置かなければならないという決まりがありますが、合同会社の場合は出資者と経営者が同一のため株式会社のようなルールはありません。

合同会社の機関設計として考えなければならないのは、**代表社員、業務執行社員、社員をそれぞれ誰にするかということだけです。**ただ、代表社員、業務執行社員、社員はそれぞれ権限や業務範囲が異なりますから、複数人で設立する場合は特に慎重に決めなければなりません。

ちなみに合同会社における意思決定は、**合同会社の社員が2人以上いる場合には、定款で別段の定めをしない限り、社員の過半数で意思決定するのが原則**となります。

● 合同会社の基本構成は？

●会社の「機関」とは？

会社の意思決定を行い、実際に運営（経営）に携わる人たちの集まりを「機関」という

合同会社の場合

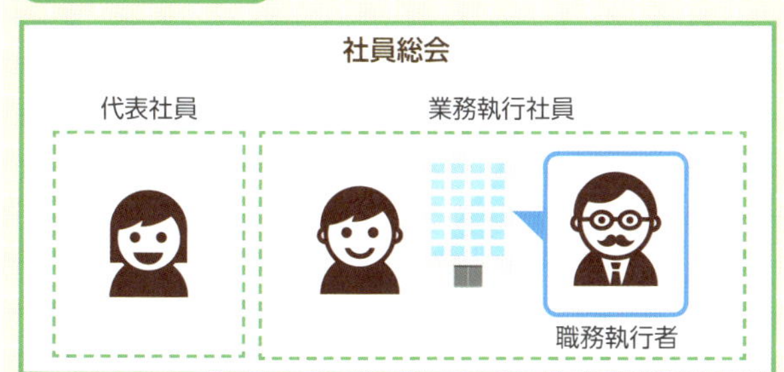

合同会社の場合、社員総会はあるが原則として社員全員に代表権があるため、株主総会のような「機関」設計のルールは特にない。

株式会社の場合

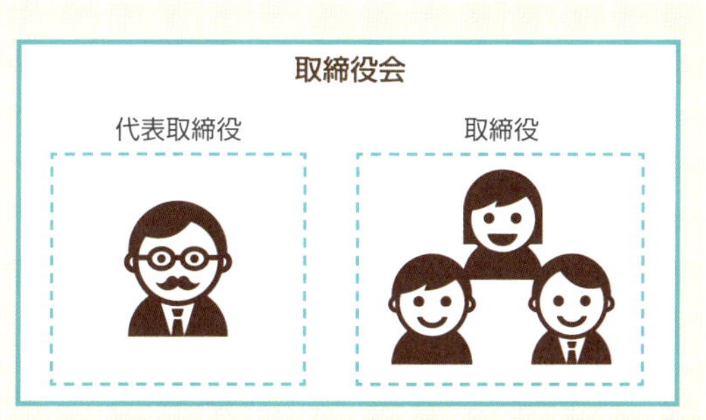

株主総会の場合は、「株主総会」「取締役会」「取締役」「監査役会」「監査役」「会計参与」「会計監査人」「監査等員会」「指名等員会」など9つの機関がある。
このうち必ず設置しなければならないのは、株主総会と取締役会。

POINT!

合同会社は、原則として機関という考え方はありませんが、株主総会のように社員全員を指して「社員総会」があります。

設立の仕方で異なる注意点は？

合同会社に認められた4つの設立パターン

1章で触れたように、合同会社は1人で設立することも複数での設立や法人を含めた設立も可能です。ただ、設立パターンによって必要な手続きや提出しなければならない書類が異なります。ここでは、合同会社の設立パターンについてどのような点に注意すべきかを解説していきます。

● 1人で設立する場合

個人事業から法人成りする場合や、会社を辞めて起業する人であれば、自分1人で設立する場合もあると思います。その場合、社員は1人だけですから**業務執行社員と代表社員を兼ねる**ことになり機関設計はシンプルです。

● 2名以上で設立し、代表社員を選出する場合

友人や知人など2名以上と共同で設立する場合は、機関設計や意思決定、利益配分をどうするかが焦点になります。具体的には、**代表社員や業務執行社員を誰にするかを決めなければなりません。**意思決定に関しても、合同会社は原則として出資比率に関わらず平等の議決権がありますが、定款に定めることで議決権を出資比率に合わせることもできます。

● 2名以上で設立し、業務執行社員にならない社員をおく場合

合同会社は出資者と経営者が同一であると説明してきましたが、なんらかの理由で出資はするけれど経営には関わりたくないという人もいるでしょう。その場合は、**経営に携わる人だけを業務執行社員とし、出資者であっても経営には参加しない人は社員と定めておくことができます。**

● 社員に法人が含まれる場合

法人が代表社員や業務執行社員になる場合は、**実際に業務を行う人「職務執行者」が誰かを申請する必要があります。**

合同会社の設立パターン

社員が1名のとき

代表社員と業務執行社員を兼ねる

代表社員
業務執行社員

決めること
特に決めることはなく、標準的な手続きを行えばよい。ただし、資本金の準備は基本的に自分だけで行わなければならない。

社員が複数のとき

業務執行社員から代表社員を選出する

代表社員　業務執行社員

決めること
誰を代表社員にするかを決めておくこと。業務執行社員にならない社員がいる場合は、定款に記載しなければならない。
持分の管理表や、議決方法などを必ず決めておくこと。

社員に法人がいるとき

社員となる法人から職務執行者を決める

代表社員　業務執行社員　職務執行者

決めること
誰を代表社員にするかを決めておくこと。業務執行社員にならない社員がいる場合は、定款に記載しなければならない。
法人を代表社員や業務執行社員にする場合は、職務執行者を決めること（申請必要）。
また、法人の登記簿謄本等も必要になる。

POINT!

法人も社員になれるのが、株式会社にない点です。複数人での設立や法人を社員に含む場合は手続きや提出書類が変わるので事前に調べておきましょう。

設立の流れ

設立の全体の流れを知ろう

合同会社を設立するまでの全体の流れ

合同会社の設立までは、左の図のように大きく4つの期間に分かれています。基本的な流れとして、事業内容を決めたり社員を決めたりして設立のための準備を行う「準備・検討期間」、「**定款**」と呼ばれる会社の基本事項を定める「定款作成期間」、作成した定款をもとに、法務局で登記申請を行う「申請期間」、会社が誕生したことを知らせるための届出を行う「届出期間」があります。

●準備・検討期間

法人にするか否かを考えるのはもちろんのこと、どのような形態で設立するのが相応しいのか等をしっかり考え、計画を立てていきます。特に、会社の形態や事業内容、資金計画などはしっかり時間をかけましょう。勢いで設立しても、運営資金が足りずに困ってしまうケースは少なくないからです。

●定款作成期間

定款は、会社の名前や住所、資本金の額など会社の基本事項をまとめたものです。定款の作成期間では、主に本章で触れる準備・検討期間の内容を定款の作成ルールに則って作成していきます。

●申請期間

定款ができたら、法務局で登記申請を行なっていきます。申請では、書類の記載事項に不備があると受理されず、修正になります。定款の認証がない分、株式会社の設立よりもスピーディーに登記が完了しますが、1週間くらいはかかると考えておきましょう。

●届出期間

登記が完了したら、設立したことをさまざまな機関に届け出ます。詳しくは後述しますが、税務署や年金事務所などに設立したことを知らせる書類を提出し、会社として機能するよう準備をしていきます。

合同会社設立の基本の流れ

期間	やること	内容	参照ページ
準備・検討 最短で 約5日〜7日	申請方法決定	紙の定款か電子定款かを決める	P104、106
	事務所の決定	本店所在地（会社の住所）を決める	P76
	事業目的の決定	会社の事業内容を決める	P74
	商号調査	会社の名前が使えるかを調査する	P72
	基本事項確定	合同会社の設立に必要な基本事項を決める ・事業目的 ・社員の構成と出資金額 ・業務執行役員と代表社員の選定 ・会社名 ・本店所在地 ・資本金額 ・事業年度 ・会社の設立日	P68
	書類作成準備	登記申請に必要な書類などを用意する。 印鑑証明、印鑑などの準備をする。	P86、88
定款作成 最短で 約2〜3日	定款作成	定款を作成していく	P96〜109
	資本金準備	資本金を準備する	P126
申請 最短で 約1週間	提出書類準備	登記申請に必要な書類を準備する	P128
	登記申請	法務局で登記申請を行う	P138
届出	各種届出	登記が完了したら、各機関へ書類を提出する	P148〜168

設立に必要な期間については、あくまで目安です。
焦ってすぐに設立しようとせず、じっくりと考えながら行いましょう。

POINT!

合同会社の設立の流れを一度把握しておきましょう。特に準備・検討のところは、時間をかけて考えたいことがたくさんあるはずです。

SECTION 04

設立に必要な機関と費用

設立準備に3ヵ月はみておこう

設立までにかかる期間と費用は？

本書では、合同会社の魅力のひとつに、設立までの期間が短いことを挙げました。確かに株式会社に比べ定款の認証がありませんから、その分設立スピードは早くなりますが、それはあくまでもさまざまな準備が整っているのが前提です。

つまり、会社の基本事項を考えたり、事業内容について計画を立てたりする期間、あるいは設立後の届出期間なども踏まえると、必要な期間として最低でも3ヵ月はみておきたいところです。

また、**合同会社設立の際にかかる費用は、約10万円です。**その内訳は、登録免許税（資本金額×0・7％、または6万円のどちらか高い方）、収入印紙代（4万円ただし電子定款の場合は0円）、定款の謄本手数料（約2千円）となっています。

さらに、肝心な資本金の用意も忘れないようにしましょう。資本金の金額については、3章で詳しく説明します。

その他の必要な費用

前項で挙げた費用は、あくまで会社を登記するために必要な費用です。ですから、実際の会社を運営するための費用や、書類を作成するために必要な会社印等の作成費用も別途用意しておかなければなりません。具体的には、会社の事務所の家賃（賃貸契約をする場合）、会社印、登記申請が完了した後の証明書の発行手数料などがあります。この他に、設立作業の負担を軽くしたい場合は、専門家に依頼して代わりに設立手続きを行なってもらうこともできます。その場合は、専門家へ支払う代行料も必要です。また、業種業態によっては設備や備品などの購入があることも忘れないようにしましょう。

● 設立に必要な期間と費用

●設立のみの費用は？

合同会社なら株式会社の約半分程度の費用で設立できる。
高い設立コストをかけず、スモールスタートを検討するなら合同会社がおすすめ。

初期費用	合同会社	備考	株式会社の場合
収入印紙代	40,000円	電子定款なら不要	20,000円
登録免許税	60,000円	最低課税金額	150,000円
印鑑作成	20,000円	10,000円程度のものもある	20,000円

※株式会社の場合、上記に加え定款の認証手数料（40,000円）がかかります。

●設立にかかる期間は？

期間	やること
準備・検討	申請方法決定
	事務所の決定
	事業目的の決定
	商号調査
	基本事項確定
	書類作成準備
定款	定款作成
	資本金準備
申請	提出書類準備
	登記申請
届出	各種届出

申請方法決定〜基本事項確定：約2週間〜1ヵ月　株式会社なら約1ヵ月〜2ヵ月

設立自体は比較的早くできるが、複数人で設立する場合は、基本事項等を決めるのに時間がかかることが多い！

書類作成準備〜資本金準備：約2週間〜1ヵ月　株式会社なら約1ヵ月〜2ヵ月

定款の認証がない分、早い！

提出書類準備〜登記申請：約2週間

各種届出：1〜2日

POINT!

設立費用は株式会社の半分です。定款認証がない分、設立期間も早くなりますが設立期間に関しては驚くほど短縮できるわけではありません。

SECTION 05

設立のために最低限決めること

会社の骨格を決めていこう

ここでは会社の基本事項、いわゆる会社の骨格とも言える事項を決めていきます。基本事項として最低限決めなければならないことは次のとおりです。

● 決めるべき基本事項

- **事業目的**
- **社員の構成と出資金額**
- **業務執行役員と代表社員の選定**
- **会社名**
- **本店所在地**
- **資本金額**
- **事業年度**
- **会社の設立日**

基本事項を決めたら、記録を残しておこう

株式会社の場合は、会社を設立する人たち（発起人という）を集め、発起人会を開催して会社の基本事項を決めていきます。そこで決定した事項は**発起人会議事録**にまとめておくことが推奨されています。この議事録は特に提出する必要のない書類ですが、複数名での設立の場合はトラブルを避けるために用意します。

合同会社の場合も、複数名で設立する場合は出資者同士で話し合い、決定した基本事項は議事録として残しておくと後々のトラブルを回避できます。左のページにあるのは、合同会社の設立に必要な基本事項を一覧にしたもので、議事録の代わりにもなるフォーマットです。

左のフォーマットに従って記載していけば、基本的に漏れがないようになっていますので活用してみてください。複数の人で話し合う場合は、全員の意見を聞き、後から揉めないようによく話し合っておきましょう。

会社の基本事項を決めよう

基本事項の決定事項一覧

※決定事項を記入していきましょう

決めるべき事項	概要	決定事項	参照ページ
事業目的	会社で行う事業の内容のこと 定款で定めていない事業は基本的に行うことができない。	コンサルティング事業 Web制作事業	P74
許認可の確認	事業によっては許認可が必要	なし	P168
社員の構成	設立形態を決める （1人、複数、法人含む等）	1人	P62
出資金額	社員それぞれの出資額を決める現物出資を行う場合はその内容を決める	80万円	P78、80
業務執行社員と代表社員の選定	1人以上社員がいる場合は、業務執行社員と代表社員を決める	代表社員=夏目花子 業務執行社員=夏目花子	P70
決議の方法	社員が複数いる場合は定款に定めておくのがおすすめ	なし	PP100、102
職務執行者	法人が社員に含まれる場合は、必要になる	なし	P134
商号	会社の名前を決める ルールがあるので注意!	合同会社夏目商店	P70
本店所在地	会社の住所を決める	愛知県名古屋市西区1丁目1番●号	P76
資本金額	設立時の資本金を決める	80万円	P78
事業年度	法人の場合、事業年度は自由に決められる 決算月を先に決めると、事業年度も決まる	決算月6月	P82
会社の設立日	会社の設立日を決める 設立日は登記申請の日になる ただし、土日祝日、年末年始は登記できない	令和6年7月1日	P84

POINT!

上の表を活用して、決定事項を記入していきましょう。上で決定したことは、この後の定款に記載していきます。

代表社員と業務執行社員を決める

合同会社の役員はどうなるの？

合同会社は原則全員が業務執行社員になる

繰り返し説明しているように、合同会社は原則として**出資者と経営者が一致する**ものと定められています。ですから基本は**出資する人が業務執行社員となり、会社の業務を執行する**ものとします。**ただし、定款で定めれば業務執行社員を限定することもできます。**例えば、Aさん、Bさん、Cさんの3人で合同会社を設立する場合、AさんとBさんだけを業務執行社員とすることも可能です。この場合、Cさんは経営に携わることはできなくなりますが、社員として業務を執行することになります。

業務執行役員にならなかったCさんは、経営に対して何もできないのかと思われるかもしれませんが、そうではありません。**業務執行社員でないため会社の経営に対して発言する権限はなくなりますが、業務執行社員を監視する権利はあります。**つまり、会社の財産や業務の状況を把握する権利です。

複数名の場合は代表社員を決めておこう

業務執行社員を決めたら、その中から代表社員を決めておきましょう。合同会社の場合は、定款で定めない限りは、業務執行社員のそれぞれが会社の業務を執行し、会社を代表する権限を持っているのが特徴です。あくまでも社員は平等に扱われるのです。

とはいえ、実質の会社運営のことを考えると代表社員を決めておいた方が意思決定がスムーズになることもあります。ただ、定款によって代表社員を定めると、他の業務執行社員は代表権がなくなってしまいますのでよく考えてから決めてください。また、**法人が業務執行社員や代表社員に就くこともできます。**株式会社では、法人が取締役や代表取締役になることはできませんが、合同会社は定款に定め必要な手続きを踏めば法人でもかまいません。

● 代表社員と業務執行社員を決める

社員が1名のとき

代表社員と業務執行社員を兼ねる

社員が２名のとき

2人ともに代表権がある

社員が複数のとき

業務執行社員から代表社員を選出する

社員に法人がいるとき

社員となる法人から職務執行者を決める

社員に法人を置き、法人が代表社員になるとき

代表社員となる法人から職務執行者を決める

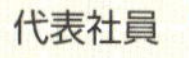

法人が社員になる時は、「職務執行者」の定めが必要！

合同会社の役員は、原則として業務を行う社員ということで業務執行社員と呼ばれますが、法人が社員になる場合は、実質業務を行う人が誰かを定めておく必要があります。このとき、実質的に業務に関わる人を「職務執行者」といいます。

POINT!

合同会社は、法人も社員になれ、代表社員や業務執行社員になれるのが特徴です。複数名の場合は、意思決定や利益分配について決めておきましょう。

会社名（商号）の決めかた

会社名（商号）にはルールがある

会社の名前は**商号**といい、法務局に登記された商号が正式な会社名となります。会社の商号は原則として自由に決められますが、守らなければならないルールがありますのでその範囲内で決めるようにしましょう。商号のルールは、次のような4つがあります。

- **（1）社名の前後に会社の種類をつけること**

合同会社の場合は、〇〇合同会社、合同会社〇〇のどちらかになる。

- **（2）使用可能な文字を使う**

使用可能な文字は、ひらがな、漢字、カタカナ、アルファベット、数字のほかに、「&（アンパサンド）」「・（中点）」「'（アポストロフィー）」「.（ピリオド）」「-（ハイフン）」「,（コンマ）」の記号のみを使うことができます。また、数字の場合はすべて全角で登録されます。

- **（3）会社の一部門を表すような商号は使えない**

〇〇営業部や〇〇事業部のような、会社の中の部署や部門だと間違うような言葉を使うことはできません。例えば「合同会社カワラ営業部」といったものは認められません。

- **（4）「銀行」「保険」などの文字は使えない。**

銀行や保険会社以外の会社は、銀行あるいは保険と入る文字を使うことができません。

同一住所に同一商号は登記できない

さきほどのルールの他にも、**同一住所で同じ商号を登記できないというルール**もあります。

例えば、貸しビルの一室を借りて創業する場合、入居している他の会社とも同じ住所で登記することになります。このような場合に、すでに同じ住所で登記が済んでいる会社と同一の商号は登記することができません。

● 商号調査の方法は？

競合会社と同じ商号を使っていないかも確認しておくといいでしょう。著名な商号と同じ、またはよく似ている商号をつけることは不正競争防止法で禁止されています。他社の商号については、「登記・供託オンライン申請システム」で調査できます。

●「登記・供託オンライン申請システム」

❶「登記・供託オンライン申請システム」のトップページ（https://www.touki-kyoutaku-online.moj.go.jp/）で「商号調査」をクリックします。

↓

❷「申請者ＩＤ」及び「パスワード」を入力して、ログインします。
注）申請者情報登録で取得したものを入力します。

↓

❸商業・法人登記情報の検索において、検索条件（商号，本店所在地等）を入力して「検索」をクリックします。（検索条件に該当する会社が既に登記されている場合は、その商号・所在地等が表示されます。）

↓

❹画面を閉じてログアウトしてください。

登記・供託オンライン申請システム
登記ねっと 供託ねっと
文字サイズの変更 大 中

トップページ｜登記・供託オンライン申請システムとは｜登記ねっと｜供託ねっと｜ダウンロード（ソフトウェア）（操作手引書）｜オンライン申請ご利用上の注意｜FAQ・お問い合わせ｜サイトマップ

利用時間　平日 午前8時30分から午後9時まで　運転状況

各種サービス

かんたん証明書請求	供託かんたん申請	かんたん登記申請	商号調査	申請用総合ソフト
オンラインで登記事項証明書等の請求ができます。	オンラインで金銭又は振替国債の供託の申請ができます。	オンラインで一部の登記申請や印鑑証明書の請求ができます。	既に登記されている他の会社・法人の有無の確認ができます。	本システムで取り扱う全ての手続の申請・請求を行えるソフトウェアです。

お知らせ

令和6年4月8日	【重要】3月29日（金）に送信したにもかかわらず、4月1日付けの受付扱いとなった申請の受付日の修正について（令和6年4月8日）
令和6年4月2日	【重要】3月29日（金）に申請を送信したにもかかわらず、4月1日付けの受付扱いになった申請の受付日について（令和6年4月2日）
令和6年4月1日	【お知らせ】3月29日に発生した登記・供託オンライン申請システムに係る障害の発生原因について（令和6年4月1日）
令和6年4月1日	【重要】3月29日に発生した障害に係る登記申請の受付状況について
令和6年4月1日	【お知らせ】登記・供託オンライン申請システムの稼動状況について（令和6年4月1日）

お知らせ一覧

商号を考えるときのポイント

商号をつけるときは、読みやすさや覚えやすさも気にしてみましょう。
読めない社名や長すぎる社名をつけると、覚えてもらえずに集客で苦戦します。
また、ホームページを作成することも考えて、ドメインが取得されていないかもチェック！

POINT!

商号は後から変更もできますが、定款の変更に手数料がかかります。各届出機関や口座開設している銀行などにも届出が必要なので、慎重に！

事業目的を決める

定款で定めた事業しかできない

定款に定めていない事業はできない

商号を決めたら、次に事業目的を決めておきましょう。事業目的とは、その会社が存在する目的であり理由でもあります。個人事業主は、開業届を提出する際に主な事業内容を記載する項目がありますが、事業内容が途中で変更になっても改めて届出をする必要はありません。ですが会社の場合、**基本的に定款に定めた目的の範囲内でしか事業を行なってはいけない**とされています。

ただし、事業目的は1つでなくても構いません。事業目的として将来的に行う可能性のあるものは最初に登記しておくと後から変更手続きをする手間が省けます。

また、**事業目的を決める際は明確性（意味が明確であること）、具体性、営利性（利益を得るものであること）、適法性（違法性、公序良俗に反しないこと）の4つを満たしておく必要があります。**

許認可が必要な事業かどうかを確認しよう

事業目的を決めたら、その時に**許認可の有無も確認しておきましょう。**業種や業態によっては、行政からの許認可や届出がないと営業できない事業もあります。許認可が必要な業種で会社を設立する場合、許認可を受ける際に定款の中で事業目的として記載があることを条件にしているものもありますので気をつけなければなりません。

例えば、中古品の買取りや販売、旅行業、障害者支援施設の運営などは、許認可の際に定款の記載が条件となっている事業です。ですから、まずは自分のやりたい事業に許認可が必要かどうかを確認し、必要だった場合はその記載方法について調べておきましょう。定款の記載方法が心配な場合は、各届出先の関係機関に問い合わせると教えてもらえます。

会社の事業の目的を決める5つのポイント

ここでは、定款に記載するための会社の事業の目的を考えていきます。定款に記載がないと、事業として認められません。変更にも手数料がかかるので、なるべく変更のないようにしておきたいもの。書き方にもコツがあるので、知っておきましょう。

ポイント1

本業がメインの事業になるよう、最初に記載しておく。
他の事業に関しては、優先順位を考えておく。

ポイント2

将来的に行いそうな事業は、あらかじめ記載しておく。
変更するたびに登記手続きと手数料がかかるため。

ポイント3

関連性のない事業を手当たりしだいに並べない。
あまりに目的が多すぎると、不審な会社だと思われてしまう。

ポイント4

許認可が必要な事業は、決まった事業名を書かなければ
許認可が得られないことがあるので注意！（参照P168）

ポイント5

事業の目的の末尾に、「その他前号に附帯する一切の業務」と項目を加えると、関連性がある事業ならこの一文でカバーできる。

POINT!

迷ったら競合のホームページを参考にしてみましょう！　会社概要のページに記載している会社が多いです。

本店所在地を決める

会社の住所の決めかた

会社の本社はどこにすればいいのか？

会社の所在地のことを会社法では「**本店所在地**」といいます。銀行やお店などによくある「本店」とは全く別物です。定款に記載する本店所在地は基本的に自由で、自宅の住所でも構いません（賃貸の場合などは、大家や管理会社の許可が必要です）。ただ、本店所在地が納税地となり、必然的に年金事務所等の機関は本店所在地の管轄内にある機関が管轄することになります。例えば自宅から離れた県や地域に登記すると、何か書類を提出したり手続きをしたりする度に大変な思いをして移動しなければなりません。

また、本店所在地を移動する場合には登記の変更手続きが必要になります。ですから、定款に記載する所在地は、最小行政区画（市区町村）までを記載することが一般的です。

本店所在地によっては口座が開設できないこともある

本店所在地は自由に決められますから、自宅でもバーチャルオフィスでも構いません。しかし、近年多いバーチャルオフィスは、会社の実態が疑われ銀行口座の開設ができないこともあります。ただ、複数の法人がすでに登記しているようなシェアオフィスなどであれば、問題なく口座開設ができることもあります。

本店所在地によって税金が異なる

税金は、定款に記載する本店所在地によって決まりますから、法人税の金額などはその管轄の行政が定めているものに従わなくてはなりません。本店所在地から離れた場所に事務所を開設する場合もありますが、合同会社では稀なケースですから本書では割愛します。

会社の本店所在地の決めるときの注意

●移転するたびに手数料（3万円）がかかるので注意！

移転をする場合は、定款の変更が必要になります。
その際、法務局での手続きの際に手数料3万円がかかります。同じ管轄エリア内での移転なら3万円のみで済みますが、管轄がかわるとそれぞれの移転前と移転先の法務局に対してそれぞれ手数料がかかります（合計6万円）。

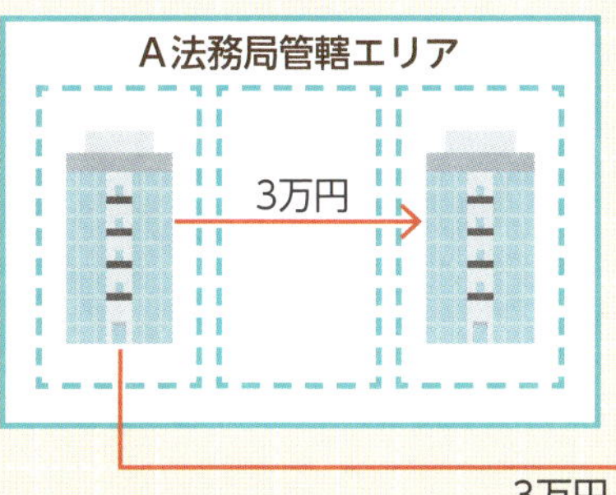

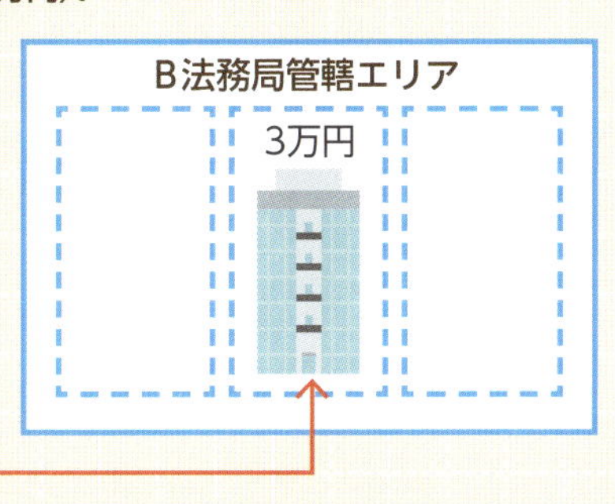

3万円

●本店所在地の記載のポイント

上のような変更がなるべく生じないように、定款と登記で書き方を変えるのがおすすめ。

愛知県名古屋市西区那古野1丁目●番地　那古野ヒルズ1011号室

定款に書く時
当会社は愛知県名古屋市西区に本店を置く

登記の時
当会社は愛知県名古屋市西区那古野1丁目●番地に本店を置く

POINT!

本店所在地は自宅でも構いません。ただし、法人の住所は公開されます。自宅の住所を公開したくない人は別途事務所を契約しましょう。

資本金はいくらがベスト？

資本金は本当に1円でいい？

会社法では、会社設立の際の資本金は1円以上であれば設立できることになっています。ですから、法律の内容だけを考慮するなら、資本金1円でも会社を設立できるというわけです。しかし、実際には資本金が1円の会社はほとんど存在しません。原則として、資本金は会社の運転資金になるものです。この資本金は負債とは違い、社員が出資するものであって返済などの必要がないものです。ですから最初は、この資本金を元手にして事業を運営していくことになるのです。そう考えると、たった1円でできるような事業など存在しないことがわかると思います。万が一資本金が足りなくなった場合は、金融機関から融資を受けたりすることができますが、資本金が1円では信用してもらうことは難しいでしょう。また、取引先からも「この会社は大丈夫だろうか」と不安に思われてしまいますから、資本金はある程度の金額を用意しておきましょう。ちなみに、**合同会社の資本金は10万円未満の会社が多い**ですが、運転資金としてすぐにお金が底をついてしまわない金額を設定してください。

6ヶ月分の運転資金を考えてみよう

資本金に余裕があるということは、それだけ安心して経営に集中できることでもあります。初期費用を抑えたい気持ちはわかりますし、資本金は後から増資という形で増やすこともできますが、増資するにも登記の変更手続きがかかりますから、やはり最初にきちんと用意しておくべきです。

では実際にいくら資本金を用意すればいいでしょうか。**一般的には6ヵ月分の運転資金があればいい**とされていますが、実際に算出するのがおすすめです。

● 合同会社の資本金はいくらがベスト？

●合同会社の半数は100万円未満で設立している

株式会社の資本金は100万円以上の会社が多い傾向がありますが、合同会社の場合は実は100万円未満の会社が約半数を占めています。
スモールスタートを考えるなら、100万円以下でもいいかもしれません。

資本金階級	合同会社件数	合同会社割合（%）
100万円未満	1,473	49.61
100~300万円未満	975	32.84
300~500万円未満	233	7.85
500~1,000万円未満	268	9.03
1,000~2,000万円未満	9	0.3
2,000~5,000万円未満	2	0.07
5,000~1億円未満	5	0.17
1億円以上	4	0.13
合計	2,969	100.00

政府統計の総合窓口：https://www.e-stat.go.jp/dbview?sid=0003268298

●合同会社の資本金額は、300万円未満が8割

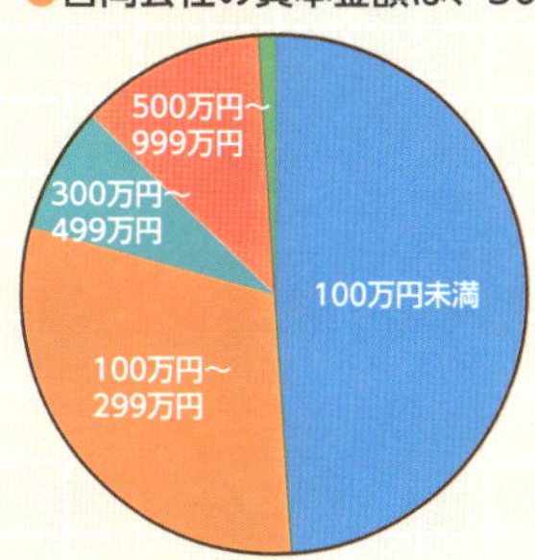

資本金は開業に必要な資金と約半年分の運転資金が目安と言われています。始めは少資本で設立し、徐々に大きくさせることを狙うなら、100万円ほどの資本金があれば十分なことも多い。

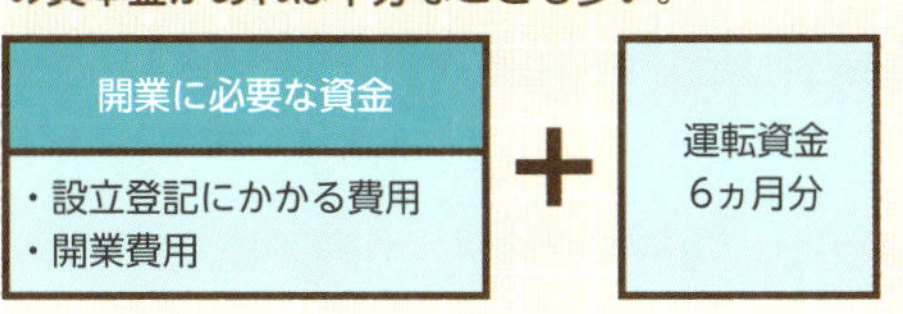

POINT！

会社設立から半年程度は、売上が安定しないことも少なくありません。約6ヵ月分の運転資金を目安に設定することがおすすめです。

現物出資を行うとき

出資はお金だけとは限らない

現金以外の出資もできる

会社設立に対する出資は現金だけとは限りません。例えば**パソコンやコピー機、自動車、土地や建物などの不動産、有価証券などで出資することも認められています。**

例えば個人事業主のころから使用している備品などを会社設立後も継続したい場合は、現物出資にすることで継続して使用することができます。しかし、現物出資は金銭に換算できるもののみに限られており、個人の信用や営業力、人脈などは現物出資として認められていません。

また、株式会社の場合は現物出資を行った場合にその価値を客観的に調査し、客観的に価値を算出しなければなりませんが、合同会社の場合調査は不要とされていますす。つまり、自分たちで価値を決めることができるということです。

ただし現物出資したものについては、その名義を個人から会社名義に変更しなければならないものもあります。例えば車や不動産などは、所有者を個人から会社に変更する手続きが必要です。

現物出資をするメリットとデメリット

現物出資のメリットは、現金が少なくても資本金を大きくすることができることです。

また、現物出資したものが減価償却できる対象であれば会社の経費に計上できるため、節税のメリットにもなります。ですが、あまりに現物出資の額が多く、出資した現金があまりにも少ないと、会社の運転資金がすぐに枯渇することになりかねず、設立直後すぐに債務超過に陥る可能性もあります。

一方**デメリットとしては、金融機関から融資を受ける際、現物出資した資産は自己資金として認められない可能性が高いこと**です。

● 現物出資の分は、資本金に計上される

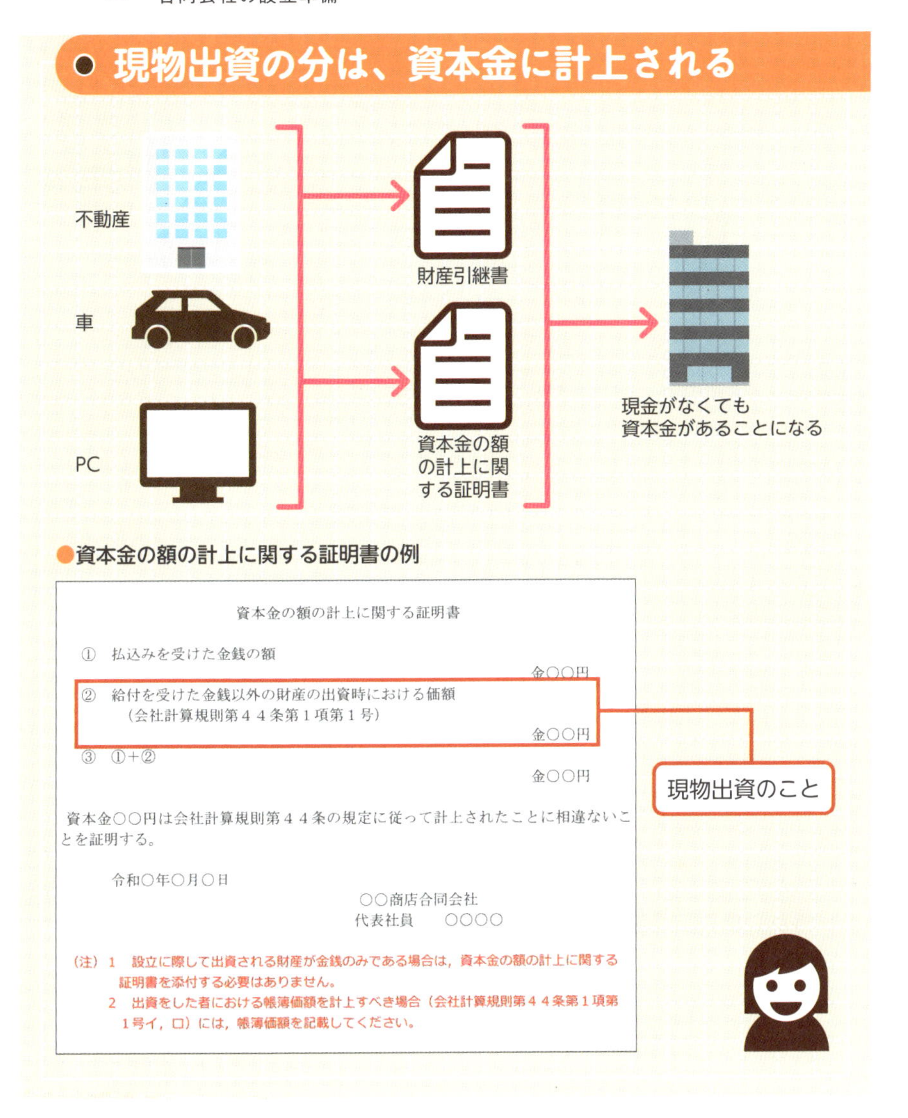

資本金の額の計上に関する証明書

① 払込みを受けた金銭の額

金○○円

② 給付を受けた金銭以外の財産の出資時における価額
（会社計算規則第４４条第１項第１号）

金○○円

③ ①＋②

金○○円

資本金○○円は会社計算規則第４４条の規定に従って計上されたことに相違ないことを証明する。

令和○年○月○日

○○商店合同会社
代表社員　○○○○

（注）１　設立に際して出資される財産が金銭のみである場合は，資本金の額の計上に関する証明書を添付する必要はありません。
２　出資をした者における帳簿価額を計上すべき場合（会社計算規則第４４条第１項第１号イ，ロ）には，帳簿価額を記載してください。

POINT!

合同会社の場合は、現物出資に対する調査がないので、自分たちで価値をきめます。

事業年度は繁忙期を考慮する

事業年度は会社の会計期間のこと

会社の経営状況を把握するには、一定期間を区切って経営状況を把握することが必要です。

その一定期間は1年以内にすればいいため、いつからいつまでにするかは自由に決めることができます。**会計期間の節目は決算といって、会社の収支状況を整理して決算書という書類を作成することが法律で定められています。** 決算が終わると、法人税など納税する金額が確定するため、税務申告と納税を行ない、次の事業年度が開始することになります。

事業年度の決め方

事業年度は、4月1日から翌3月31日までというように期間を決めていきます。**事業年度は1年以内にすればいい**ので、半年ごとに定めることも可能です。ただし、決算はやることが多く大変なので、年に一度に決めている会社がほとんどです。

事業年度の決め方はいろいろありますが、「決算月」を起点にして設定すると考えやすいでしょう。例えば、業界によって繁忙期がわかっているような場合は、大事な時期に決算が重なると通常の業務に加えて決算業務が重なり、業務過多で大変なことになってしまいます。ですから、繁忙期ではなく閑散期に決算月に定めるというやり方を取る会社もあります。

また、会社の設立日との兼ね合いも考慮したほうがいいでしょう。例えば会社の設立日を6月30日とした場合で、決算月を8月などに設定すると、設立してすぐに決算を迎えることになってしまうからです。

それだけでなく、法人税や消費税の納税時期と賞与の支払い時期が重ならないようにするなど、資金繰りの面でも考慮することをおすすめします。

● 事業年度を決めよう

●事業年度の流れ

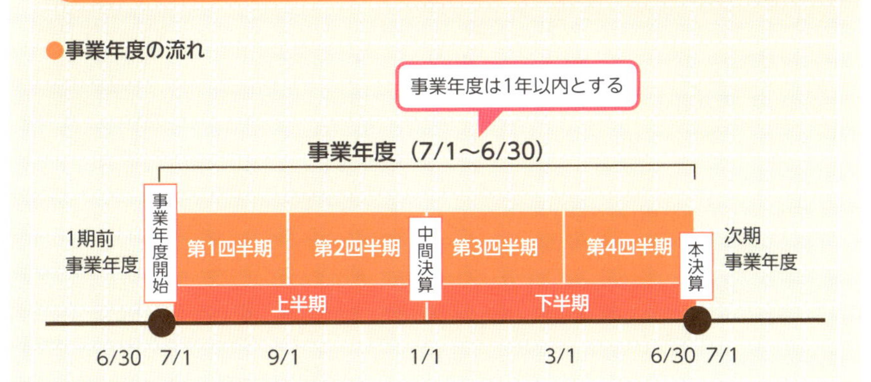

●設立日と決算の重なりに注意！

事業年度（9/1～8/31）で設立が6/30のとき

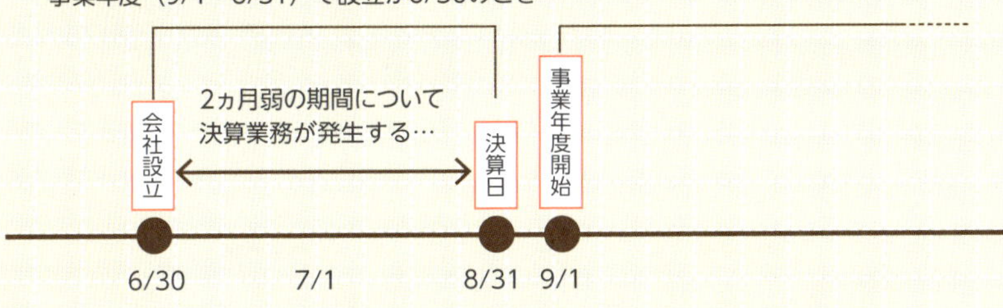

賞与（ボーナス）の支払い時期にも注意！

決算日だけでなく法人税等の納税時期にも注意しておきましょう。
例えば、役員賞与の支払い時期と納税時期が重なると資金繰りが大変になることも。
※法人税の納税は、原則として決算日より2ヵ月以内です

POINT!

事業年度は繁忙期から考慮しましょう。決算と繁忙期が重なると、負担が大きくなります。

SECTION 13 申請日が設立日になる

設立日にこだわりたいなら、余裕を持って

会社の設立日は、基本的に会社の登記申請をした日です。基本は自由なので、日柄のいい日や自分の誕生日にするという人も少なくありません。ただし登記の受付は、法務局が空いている時だけですから、行政が休みになる**土日、祝日、年末年始は設立日にできません。**

登記申請は電子申請や郵送での申請も可能ですが、この場合は申請書が法務局に届き、法務局が受付手続きを行った日になります。ですから、自分の希望する設立日がある場合は、郵送や電子申請ではなく、直接書類を持参した方が無難です。

また、申請書類に不足や不備があると受付してもらうことができません。せっかく設立日を決めて行ってもやり直しになってしまわないよう、よく確認しておきましょう。

会社の設立日は、最初の事業年度開始日になる

最初の事業年度開始日は会社の設立日になります。ですから、会社の設立日まで決算日まであまり日がないような状態だと、設立手続きや申請・届出を行なったと思ったらすぐに決算手続きをし、税務申告をしなければならないといったことになりかねません。

なお、定款の作成日は会社の設立日とは全く関係のないものなので、気にしなくても大丈夫です。

1日を除くと、法人税が減る!?

月はじめの1日ではなくて、2日や3日もしくはそれ以降に設立すると、法人住民税の課税額が変わります。法人住民税の課税対象月の算出方法は、1日から事業を開始しているかどうかで決まるため、事業開始日が2日や3日だと事業活動が1ヵ月に満たず、課税対象月の対象外になります。

会社の設立日を決めよう

●設立日は登記申請日

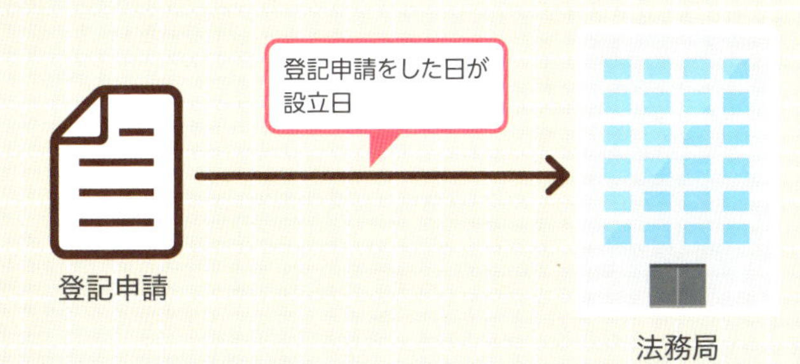

ポイント1

土日祝日は会社設立日にできない!

ポイント2

消費税や所得税など税金面で損をしないかを考える

ポイント3

縁起のいい日、記念日などを設定する

会社設立日と定款作成日は無関係!

設立日と定款の作成日は無関係ですから、異なっていても問題ありません。例えば定款を令和6年6月20日に作成し、設立日が令和6年7月1日の場合、最初の事業年度は令和6年7月1日から令和7年6月30日となります。

POINT!

会社の設立日は登記が認められた日ではなくて、申請した日になります。法人税を減らしたいなら、設立日は1日を避けたほうがいいことも。

会社印の種類と決まり

会社印は最低3種類を用意しよう

会社を設立する際だけでなく、実際に運営していく中でも会社の印鑑を求められることは多いです。脱ハンコ文化とはいえ、取引先との契約や銀行の融資申請の際、あるいは行政への書類提出の際などでは会社印の押印が求められます。完全に印鑑がいらなくなったとはいえないため会社印は作成しておきましょう。**会社印は、会社代表印と呼ばれる登記申請するための印鑑、そして銀行印、社印と呼ばれる四角形の角印の3種類を用意します。**

会社の印鑑は登記申請で必要になりますから、商号を決めたらすぐに注文して準備をすすめます。今ではインターネットでも購入できますし、こだわりがなければ1万円前後で購入できるものもあります。

また必須ではありませんが、会社印を作成するときに住所、電話番号も一緒になっているゴム印も一緒に作成すると便利です。設立の手続きで使うことはありませんが、領収書や請求書の作成、届出書類の作成の際にそのつど手書きしなくても済み、大変重宝します。

印鑑の押印の種類を覚えておこう

押印の仕方には次のような種類があり、それぞれにきちんと意味がありますのでこの際に覚えておくといいでしょう。

- **契印（けいいん）……2枚以上の文章がある時、それらが一体のものであることを示す**
- **割印（わりいん）……原本と写しがある時にそれらが関連または同じものであるのを示す**
- **訂正印（ていせいいん）……文字や文章を訂正する際に、誤った箇所に線を引きその上から押印する**
- **捨て印（すていん）……あとで文章を訂正する必要が生じた場合に備え、空白部分に押印する**

● 会社の印鑑の種類とポイント

代表者印

経営者が会社の代表者として対外的に使用するハンコ（印鑑）です。このハンコは、会社設立の際に法務局に登録する必要があるため、すべての企業に存在します。ほとんどの会社が丸い印影のハンコを登録することから「丸印」と呼ばれることもあります。また、「会社実印」とも呼ばれます。
<届け先>法務局

代表印のサイズ
3cmの枠（3cm×3cm）をはみ出してはいけない。
丸、四角、小判型など形に決まりはない。
1cmの枠に収まってはいけない。

銀行印

法人銀行印とは、会社が銀行口座を開設する際や口座の預金を銀行から支払う、手形・小切手に押印するため、銀行に届ける会社の印鑑です。 手形や小切手を発行する際などにも使用します。
<届け先>金融機関

角印

角印とは、その名のとおり印影（印章を押したときにできる朱肉の跡）の形が四角いものを指します。契約書や請求書、領収書などさまざまなビジネス文書に使われます。
<届け先>不要、特になし

●押印の種類

契印（けいいん）

割印（わりいん）

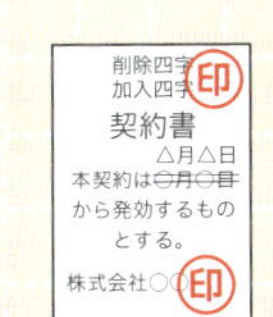

訂正印（ていせいいん）

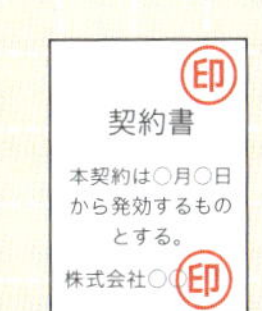

捨印（すていん）

POINT!

3種類の印鑑だけでなく、事務用にゴム印も作っておくと便利です。ゴム印は組み合わせが変えられるタイプのものがおすすめ。

SECTION 15

設立の手続きと書類

設立登記時の書類を知っておこう

設立までに必要な全書類

会社を設立する前後は、たくさんの書類を作成し関係機関に提出しなければなりません。そこで、いったんここで合同会社の設立登記のために必要になる書類を整理しておきましょう。ここで記載する書類はあくまでも設立登記までのものですから、会社が正式に登記された後に申請する書類についてはP152で確認してください。

● **合同会社の設立登記申請に必要な書類**

❶ 合同会社設立登記申請書
❷ 登記すべき事項
❸ 定款
❹ 代表社員、本店所在地及び資本金決定書
❺ 払込みがあったことを証する書面
❻ 収入印紙貼付台紙
❼ 代表社員の就任承諾書

● **現物出資を行う場合の書類**

❽ 財産引継書
❾ 資本金の額の計上に関する証明書

● **業務執行社員が法人の場合**

❿ 法人の登記事項証明書
⓫ 職務執行者の選任に関する書面
⓬ 職務執行者の就任承諾書

● **会社の代表者印の届出に必要な書類**

⓭ 印鑑届出書
⓮ 市区町村発行の代表社員個人の印鑑証明書

設立パターンで必要書類は異なる

設立のパターンによって申請書類が異なるので注意してください。特に気をつけたいのは、社員に法人が含まれる場合です。**法人の存在を証明する書類や実際に業務を行う人が誰かを明らかにした書類が必要になります。**

● 会社設立に必要な手続きと書類一覧

1人設立・複数人設立
- ❶ 合同会社設立登記申請書
- ❷ 登記すべき事項
- ❻ 収入印紙貼付台紙
- ❸ 定款
- ⓭ 印鑑届出書
- ❹ 代表社員、本店所在地及び資本金決定書
- ❼ 代表社員の就任承諾書
- ❺ 払込みがあったことを証する書面
- ⓮ 市区町村発行の代表社員個人の印鑑証明書

法人が社員に加わる

法人が業務執行社員の場合は、
登記事項証明書のみでOK
上記の書類に加えて
- ❿ 登記事項証明書（当該法人のもの）
- ⓫ 職務執行者の選任に関する書面
- ⓬ 職務執行者の就任承諾書

現物出資を行う
- ❽ 財産引継書
- ❾ 資本金の額の計上に関する証明書

設立前に用意しておきたい申請のための備品
- 社員になる人の印鑑（代表社員は実印）
- 朱肉
- パソコン
- プリンター
- ステープラー
- 大きなクリップ（書類を複数はさみます）

POINT!

合同会社は設立パターンによって書類が異なるので注意しましょう。

法人口座の開設をスムーズにするには？

2章では合同会社を設立するために必要な会社の基本事項について説明しました。せっかくの設立ですから、会社名や本店所在地、事業内容などを自分の自由にしたいと考えている人もいるかもしれません。ですが、お伝えしたとおり、会社の基本事項にはいろいろとルールがあります。まずは設立できるようにすることが第一ですから、基本事項に関するルールを守るのは当たり前ですが、もうひとつ気にかけておきたいことがあります。それは、法人口座の開設です。

法人口座の開設にともなう審査は厳しいので、会社を設立したのに法人口座の審査が通らず口座が開設できなかったという冗談のようなケースはよくある話です。審査書類の不備だけでなく、法人の住所や事業内容、商号の内容によっては審査で落とされてしまうこともあるので注意しましょう。法人口座の審査で引っかかりやすいのは、次のようなケースです。

・事業内容がわかりにくい
・連絡先が会社の固定電話ではなく、個人の携帯電話
・登記住所がバーチャルオフィスなど、実態がない
・商号が倒産した会社と酷似している
・資本金が少なすぎる

法人の設立に関する審査は法務局が行いますが、法人口座の開設に関しては金融機関が行います。審査基準は金融機関によって異なりますし、基準が公表されているわけではありませんが、金融機関は「信用」がすべてです。怪しまれる要素がないように基本事項を決めていきましょう。

CHAPTER

03

定款を作成しよう

会社の基本事項をまとめたら
さらに細かくルールを決めて「定款」に記載しよう
定款
テイカン？
個人事業主の時にこんなのなかったよ……？

法人は必ずこれを法務局に提出しているんだよ
定款
法務局
ね？
……うっ
私は会社に勤めてるだけだから知らないわ
肩ポンすな！
……

定款とは会社の憲法のようなもの
社員は定款で決められた内容に従います
ピピー
社員同士で揉めちゃった際何にも決まりがないのは逆に困るよね
・報酬について
社員
社員
なんだ、合同会社もけっこう不自由じゃ～ん
株式会社みたいに？
そんなことないよ？
株式会社の場合は株主の同意なく定款を変えること自体できません
そのつど株主総会での決議が必要なので
やはり合同会社の方が柔軟でしょう
異議アリ
VARチェック
カブヌシィィ
株主が判断に介入
社員
社員

実際に
定款を作成
する際には
既存の
書式を使って
効率的に
やろうね
ネットから
書式を
ダウンロード
し……て……
カタ
カタ
カタ
カタ
ねっ
眠い！

また急に
冬眠しがち
……
この子が
いちばん
自由よね
よし！
ここは
自分で
調べて
やってみます

自分の
会社だし！
……
チューケン

そうね
1人社員の
定款なら
そこまで
難しく
ないの
かも
私も
手伝う
わ！
ばた
ばた

そして
数時間後……

定款ができた！
でも会社のルールブックにしては自由にデザインしすぎかな……？
定款
第1章 総則
合同会社
第3章 業務の執行及び会社の代
チューケンの会社は自由が大事なんでしょ？
すてきな定款よおつかれさん
株式会社さん……
ぱちんっ
……あれっ？大事な話してた？
定款は紙で作ると4万円の印紙税がかかっちゃうから
PDFはゼロ円
電子定款も選択肢に入れるといいよ！
作り直すよチューケン！
3章で合同会社のルールを決めよう！

定款の役割を理解しよう

合同会社の定款とは何か？

定款は会社の憲法のようなもので、会社の基本事項やルールが定められた規則です。定款は合同会社でも株式会社でも作成が必須になりますが、株式会社とは違い合同会社では公証役場の認証がいりません。ですから気軽に作れるというメリットもありますが、定款に定めていないと効力を発揮しないような事項もありますから、作成は丁寧かつ慎重に行なっていきます。

定款を作成するのは、合同会社の社員となる人が作成します。**複数名で設立する場合は、社員となる全員が定款の内容に対して同意しなければなりません。**

定款に記載される内容としては、主に会社の商号、事業の目的、本店所在地、代表社員や業務執行社員、資本金、事業年度などが含まれます。

定款に必要な3つの記載事項

定款に記載される事項は3つに分かれており、**「絶対的記載事項」「相対的記載事項」「任意的記載事項」**があります。各事項の意味や内容については次のページから順に説明していきますので、ここでは簡単に各事項がどのような意味を持つかを説明します。

絶対的記載事項は、定款に必ず記載しなければならない事項のことです。次に相対的記載事項とは、会社設立の際には決めなくてもいいけれど、決めたら定款に記載しておかなければ効力を発揮しないものです。

最後の任意的記載事項は、決めても定款に記載する必要はありませんが、記載することでルールが明確になるため記載したほうがいいとされる事項です。3つの記載事項について、それぞれどのような内容があるかは次のページ以降で説明します。

● 定款の記載事項とは

絶対的記載事項

定款に必ず記載されてなくてはいけない事項のこと。これが欠けていると、定款として認めてもらえないので絶対に記載すること。

相対的記載事項

絶対的記載事項を補う形で記載する事項のこと。相対的事項に含まれるものは、定款に記載することではじめて効力を発揮する。つまり、定款に記載しておかなければ法的な効力がない。

任意的記載事項

会社報の規定や公序良俗に反しない限り、自由に定められる事項のこと。定款としては記載がなくても問題ない。

●定款の構成（基本的な構成例）

第１章　総則
- 商号
- 目的
- 本店所在地
- 公告方法
- 定款の変更

第2章　社員及び出資
- 社員の氏名、住所、出資及び責任の範囲
- 持分の譲渡制限

第3章　業務執行権及び代表権
- 業務執行
- 代表社員

第4章　社員の加入及び退社
- 社員の加入
- 任意退社

第5章　計算
- 事業年度
- 損益分配

第6章　その他附則
- 解散の事由
- 定款に定めない事項

POINT!

定款は会社の憲法のようなものです。定款に定めない場合は、設立時に登記すべき事項という書類で補完します。

絶対的記載事項とは

定款の絶対的記載事項を決めよう

必ず記載しなければいけない「絶対的記載事項」

合同会社の定款における**絶対的記載事項は、目的、商号、本店所在地、社員の氏名または名称及び住所、社員全員が有限責任社員である旨、社員の出資の目的及びその価値または評価標準の6つです。**

●目的

行う予定のある事業はできるかぎり記載することをおすすめします。また、コツとしては記載する目的の最後に**「前各号に附帯する一切の事業」と記載しておくことです。**この文章があることで、記載した各事業の内容に関連する事業を含むという意味を持たせることができ、事業の目的範囲を広げることができます。

●商号

設立する合同会社の名称を記載しておきます。このとき、英語表記を記載する会社もありますが特段決まりはありません。ちなみに合同会社の英語表記は、「LLC」もしくは「GK」になります。

●本店所在地

本店所在地は会社の住所を記載します。記載する際は、最小行政区画（市区町村）までの住所を記載しておくと後々の手続き面で楽になります。

●社員の氏名または名称及び住所

社員の氏名や法人の名称、住所を記載するときは、住民票に記載されている正式な住所を記載します。例えば1丁目1番地が正式な住所である場合、1-1といった記載では受け付けてもらえなくなります。

●社員全員が有限責任社員である旨

合同会社の社員は全員有限責任社員ですから、その旨を記載しておきます。

●社員の出資の目的及びその価値または評価標準

各社員の出資の内容を記載しましょう。複数の社員がいる場合は、出資額の合計額が資本金となります。

● 定款の絶対的記載事項とは

絶対的記載事項

定款に必ず記載されてなくてはいけない事項のこと。これが欠けていると、定款として認めてもらえないので絶対に記載すること。

- 商号
- 目的
- 本店所在地
- 社員の氏名と住所
- 社員を有限社員とすること
- 社員の出資の目的とその価値、または評価の基準

●社員の氏名と住所、出資、責任についての書き方

第2章　社員及び出資

（社員及び出資）

第5条　当会社の社員の氏名及び住所，出資の目的及び価額は，次のとおりである。

埼玉県○○市○○町○丁目○番○号
社員　○○　○○　金○○万円
埼玉県△△市△△町△丁目△番△号
社員　△△　△△　金△△万円

（社員の責任）

第6条　当会社の社員は，その全部を有限責任社員とする。

合同会社の場合は、社員全員が資本金を出資し、業務を行うのが原則ですから、出資額も一緒に記載します。また、社員全員が有限責任社員であることも記載しておかなければなりません。

POINT!

絶対的記載事項の内容が漏れていると、定款は認証されず戻ってきてしまいます。記載ミスに注意しましょう。

相対的記載事項とは

定款の相対的記載事項を決めよう

記載しないと効力を発揮しない相対的記載事項

相対的記載事項は、絶対的記載事項のように必ず定款に記載しなければならない事項ではありませんが、定款に記載がない限り効力を持たないような事項のことを指します。つまり、いくら話し合いで決定したといっても、定款に記載がなければ正式な決定事項として認められないということです。ですから、相対的記載事項に関する事項を決めた場合は、必ず定款に記載するようにしてください。登記後に定款の訂正をするとなると、登記費用が必要になります。

合同会社における相対的記載事項には、左のようなものがあります。左に挙げるものはあくまで一例ですが、定款に記載した方がいいと思われるものについては記載しておいてください。

合同会社にとっては相対的記載事項が大事

株式会社の場合は、株主総会や取締役会などがあるため、基本的には経営者が自分勝手にルールを決めることが難しくなります。しかし**合同会社の場合は、出資者と経営者が同一のため、自分たちの意向に沿って自ら定款を定め、自主的に運営していくことができます。**このことを、**定款自治**と言いますが、合同会社の場合は株式会社よりも定款自治の範囲が広いといわれています。

定款自治の範囲が広いというのは、社員の利益配当の割合や議決権の割合などを定款で定めれば自由に決められるということです。株式会社の場合、役員の利益配当は株の比率によって決まりますが、**合同会社は持分の比率に関係なく定められるというわけです。**

● 定款の相対的記載事項とは

相対的記載事項

絶対的記載事項を補う形で記載する事項のこと。相対的事項に含まれるものは、定款に記載することではじめて効力を発揮する。つまり、定款に記載しておかなければ法的な効力がない。

- 業務執行社員の定め
- 社員の退社事由の定め
- 存続期間の定め
- 解散事由
- 競業取引の許容
- 代表精算人の定め
- 公告方法
- 利益配当の請求方法その他利益の配当の定め
- 残余財産の分配の定め　など

●業務執行社員の定め

第3章　業務執行及び代表権

(代表の執行)

第8条　当会社の業務は，業務執行社員がこれを執行するものとする。
　業務執行社員は，○○　○○とする。

(代表社員)

第9条　当会社の代表社員は，総社員の互選により定める。

出資のみを行い、業務には携わらない社員がいる場合は、誰が業務執行社員になるかを記載する。また、法人が社員に含まれる場合は職務執行人を記載しておかなければならない。複数いる場合は、決定の方法についても記載があるとあとから揉めにくい。

POINT!

相対的記載事項は、記載しなければ効力がないのでできる限り記載しておきます。特に複数の社員で設立する場合は、定款をうまく使いましょう。

任意的記載事項

定款の任意的記載事項を決めよう

任意的記載事項は定款外で定めてもいい

任意的記載事項は、**定款に記載してもしなくてもどちらでもいい事項のことを指し、かつ定款に記載していなくても効力を発揮するもの**になります。つまり、任意的記載事項に含まれる事項については、定款以外の文書に記載していても効力を発揮するということです。

業務執行社員の報酬

複数人で設立する場合、お金の問題はトラブルを招きやすくなりますのでしっかりと定款に記載しておくことをおすすめします。

株式会社であれば、**毎年事業年度が変わる時のみ役員報酬の額を変更することができます。**ただしその際には、取締役会及び株主総会の承認が必要です。合同会社の場合、株式会社と同様に年に一度しか変更するタイミングはありませんが、業務執行社員同士で話し合って決めればよいとされています。ただし、話し合いではうまくいかないこともあると想定し、複数の業務執行社員がいる場合はどのように決定するかについても記載しておきます。

公告の方法について記載する場合

会社の公告とは、会社にとってのすべての利害関係者に対し、会社の経営状況や重要事項を知らせることを指します。公告の方法は、官報、新聞、電子と3つの方法がありますが、この中で最も手軽なのが電子公告です。

電子公告は、会社のホームページや帝国データバンクなど、インターネット上で会社の情報を公開することによって公告とする方法です。自社のホームページであれば費用はかからず、すぐに掲載できるのがメリットです。

● 定款の任意的記載事項とは

任意的記載事項

会社報の規定や公序良俗に反しない限り、自由に定められる事項のこと。定款としては記載がなくても問題ない。

- 事業年度
- 支店の所在場所
- 支配人　など

●事業年度の書き方（見本）

第5章　計算

（事業年度）

第13条　当会社の事業年度は，毎年○月○日から△月末日までの年1期とする。

第6章　附則

（最初の事業年度）

第14条　当会社の設立当初の事業年度は，当会社

までとする。

第15条　本定款の変更は，総社員の同意によって

事業年度は、1年（12ヶ月）以内なら自由に定めることができる。ただし、例えば半年しか事業年度がないと年度を迎えるたびに決算業務が発生する…

合同会社の任意的記載事項として挙げられるのは、次のようなものがあります。

任意的記載事項の一例

- 事業年度
- 支店の所在場所
- 業務執行社員の人数
- 業務執行社員の報酬

POINT!

合同会社の運営は、定款自治の範囲が広いのが特徴です。定款に記載すれば自分たちに合った会社運営ができるようになります。

定款作成の流れ

文書ソフトを使って定款を作ろう

合同会社の定款は認証がいらない

定款の役割についてはすでに説明したため割愛しますが、定款に記載すべき事項を決めることができたら、その内容をもとに定款を作成していきましょう。

定款のフォーマットは特に定めがなく、自由に作成することができます。大変そうに感じますが、テンプレートなどがインターネット上で公開されていますので、真似して作成しても構いません。作成する際は、パソコンを使って文書作成ソフトなどを使って作成してください。

作成した定款は、設立登記申請の際に法務局へ他の申請書類と一緒に提出します。株式会社の場合は、登記申請をする前に定款を作成し、作成した定款について公証役場で認証を受けなければいけないことになっています。

しかし**合同会社はこの定款認証が不要なため、認証代がかからず、かつ認証期間もありません。**合同会社の設立が簡易だと言われているのはこのことが所以です。

定款の提出方法については、紙か電子かを選ぶことができますが、どちらにしてもまずは文書ソフトを使って定款を作成しなければいけません。電子申請を含めた定款の提出方法については、この章の最後で説明します。

定款はどんな時に必要になるのか

定款は会社設立時だけのものだと思っている人もいますが、設立後に提出を求められるケースは何度かあります。定款の提出が必要なのは、例えば次のような場合です。

- **法人口座開設など金融機関と取引するとき**
- **税務署や自治体に「法人設立届出書」を提出するとき**
- **許認可や補助金・助成金などの申請をするとき**

● 合同会社の定款の見本

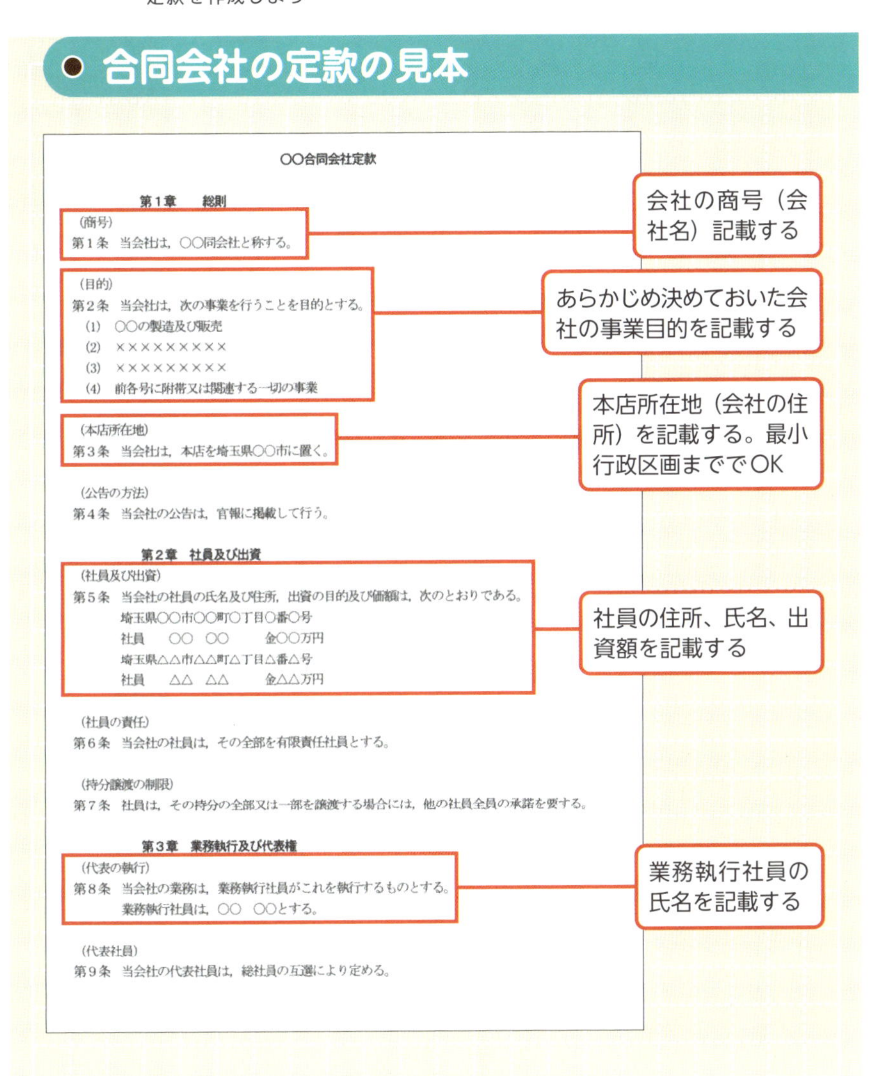

〇〇合同会社定款

第１章　総則

（商号）
第１条　当会社は，〇〇同会社と称する。

（目的）
第２条　当会社は，次の事業を行うことを目的とする。
（1）〇〇の製造及び販売
（2）×××××××××
（3）×××××××××
（4）前各号に附帯又は関連する一切の事業

（本店所在地）
第３条　当会社は，本店を埼玉県〇〇市に置く。

（公告の方法）
第４条　当会社の公告は，官報に掲載して行う。

第２章　社員及び出資

（社員及び出資）
第５条　当会社の社員の氏名及び住所，出資の目的及び価額は，次のとおりである。
埼玉県〇〇市〇〇町〇丁目〇番〇号
社員　〇〇　〇〇　金〇〇万円
埼玉県△△市△△町△丁目△番△号
社員　△△　△△　金△△万円

（社員の責任）
第６条　当会社の社員は，その全部を有限責任社員とする。

（持分譲渡の制限）
第７条　社員は，その持分の全部又は一部を譲渡する場合には，他の社員全員の承諾を要する。

第３章　業務執行及び代表権

（代表の執行）
第８条　当会社の業務は，業務執行社員がこれを執行するものとする。
業務執行社員は，〇〇　〇〇とする。

（代表社員）
第９条　当会社の代表社員は，総社員の互選により定める。

POINT!

定款のサンプルは法務局のホームページにもあるので参考にしてみましょう。定款にフォーマットはありません。

電子定款なら設立費が安くなる

電子定款の作成の流れ

電子定款を作成する際の手順は、次のようになります。

● **（1）文書作成ソフトで定款を作成する**

前のページで説明したとおり、定款はまず文書作成ソフトで作成しておきます。**電子定款の場合は、紙の定款で必要な印刷や社員の押印は必要ありません。**

● **（2）PDFファイルに変換する**

作成した定款は、PDFファイルに変換します。PDFファイルに変換するソフトとして有名なのはAcrobatですが、PDFに変換できれば特に会社やサービスの指定はありません。

● **（3）電子証明書を取得する**

電子証明書は、電子申請の際に使う実印の印鑑証明書のようなものだと考えておけばいいでしょう。これを取得することで、本人であることを電子的に証明することができます。

● **（4）ICカードライタを用意する**

ICカードライタは、ICカードに記載された電子情報を読み取るための機器のことで、マイナンバーカードなどに記録されている情報を読み取ってくれます。**これからICカードライタを用意するなら、マイナンバーカード対応のものを入手しましょう。**

● **（5）PDFファイルに電子署名を付与する**

ICカードライタで読み取った電子証明書を、PDF署名プラグインソフト等を使って定款に付与し電子署名を完了させます。**電子署名を行うには、登記・供託オンライン申請システムのPDF署名プラグインソフトを使用するのがおすすめです。**

● **（6）電磁的記録媒体に保存する**

電子定款が作成できたら、電磁的記録媒体（CD-Rなど）に保存し、登記申請時に提出します。

● 電子定款の作成の流れ

1 文書作成ソフトを使って定款を作成する

2 PDFファイルに変換する

3 電子証明書を取得する

4 ICカードリーダライタを用意する

5 PDFファイルに電子署名を付与する

6 電磁的記録媒体（CD－R）に保存する

登記・供託オンライン申請システムにある署名ソフトを使用する
https://www.touki-kyoutakuonline.moj.go.jp/index.html

電子定款なら印紙代が節約できる

定款は、課税文書として扱われるため印紙代が必要です。印紙代は4万円ですが、電子定款で提出する場合は印紙代がいりません。これは、電子文書で定款を作成すると課税文書扱いにならないためです。そのため最近では、電子定款を作成し法務局に提出する人も増えてきています。

POINT!

電子定款で定款を作成すれば、収入印紙代（4万円）を節約できます。

自分で定款を作成する

定款を自分で作る場合のメリットとデメリット

自分で作成することもできるけど……

定款は、雛形などを参考にすれば自分で作成することができますが、果たして本当に合っているのかどうか不安になる人もいると思います。株式会社における定款は、作成した後に必ず公証役場での認証を受けなければならないため、間違っている箇所の指摘を受けるチャンスがあります。万が一書き方がわからない場合も、公証役場の人に聞けば丁寧に教えてくれますから、アドバイスをもらいながら自力で作成できるのです。

ですが、**合同会社の場合は公証役場のような認証機関による認証がありません。**ですから、誰の目も通さずに申請してしまう人も少なくありません。もちろんそれでも問題はありませんが、定款の記載が正しいかどうかが不安な場合は、専門家の力を借りることもおすすめです。

専門家に任せることで安心できることも

司法書士や行政書士のような専門家を頼むことが面倒だという人もいますが、専門家のアドバイスをもらっていることで安心感を得られます。わざわざ専門家を頼まなくても、法務局に出向けば作成指導を受けることも可能です。その際には必ず事前に法務局に問い合わせ、アポイントを取ってからでないとなかなか受け付けてもらえないので注意してください。

法務局に行く時間が取れないという人は、オンラインで相談を受け付けている専門家を探したり、freeeやマネーフォワードのような会計サービスの中にある定款作成代行サービスなどを活用したりするのも方法の一つです。

● 定款は自分で作成できる？

定款は自分で作成することもできますが、会社にとって憲法ともいえる定款は大事なものです。特に合同会社の場合は、定款自治の範囲が広いため、記載していないと効力が生じない事項などもあります。そういった意味では、専門家からのアドバイスを受けることも考えてみるといいかもしれません。

	メリット	デメリット
自分	費用をかけずに作成できる。	お金はかからないが、手間と時間がかかり、作成に関するアドバイスが受けられない。
税理士	相談できる税理士がいる場合には、設立時に税金面や経営の相談ができること。	基本的には定款の作成はしないが設立後の経営を見据えた定款の内容を相談できる。
司法書士	定款作成、法務局への登記申請など会社設立手続きが最小限で済む。	費用が高めのところが多い。税務的なアドバイスは受けられない。
行政書士	定款の作成の作成代行などが可能。比較的代行手数料が安め。	法務局への会社設立登記申請はできない。

法人設立ワンストップサービスを活用しよう
自分で設立を行いたい場合は、法務省の法人設立ワンストップサービスを活用するのもアリ。定款作成についてもガイドがあります。
参考：https://www.moj.go.jp/MINJI/minji06_00117.html

POINT!

複数名での設立や法人が社員に含まれるなど特殊な設立パターンの場合は、専門家のアドバイスをもらうのがおすすめです。

定款の記名と押印の方法

紙の定款は記名と押印が必要

定款の最後には、社員全員の記名と押印が必要です。電子定款ならこれらは不要ですが、紙の定款を作成する場合は必ず行なってください。ちなみに合同会社の定款で、公証役場での認証が不要なため押印の際は実印でなくても構いません。ですが、会社の重要な書類であり、大事な決め事でもありますから、基本的には実印で押印するのが望ましいです。

また、紙の定款には収入印紙を貼付しますが、その際は**収入印紙にかかるように代表社員が消印をします。**この時、定款は提出用と保管用を必ず作成しておきましょう。**印紙を貼るのは提出用だけで構いませんが、記名と押印は保管用にも必要です。**

定款の最後の記名の仕方については、合同会社の設立パターンによって記名方法が異なりますので紹介しておきます。

- **社員が1人の場合**

社員が自然人（法人ではない人）の場合は、**社員が自ら定款に記名し押印します。**

- **社員が複数の場合**

社員が複数いる場合は、社員がそれぞれ記名し押印します。一部の人だけでなく、**社員は全員記名する必要があります。**

- **社員に株式会社が含まれる場合**

社員に株式会社が含まれる場合は、株式会社の**代表取締役または代表執行役が記名押印します。**

- **社員が合同会社の場合**

合同会社が社員の場合は、合同会社の**代表社員となる人が記名押印します。**

● 定款の記名と押印のポイント

●社員が自然人である場合は社員自ら記名押印する

有限責任社員　　夏目　花子（夏目）

●社員が株式会社の場合は、代表取締役や代表執行役が定款に記名押印する

有限責任社員　　株式会社ナツメ商店
代表取締役　夏目　花子

●社員が合同会社である場合は代表社員自ら記名押印する

有限責任社員　　合同会社夏目商店
代表社員　夏目　花子（夏目）

●代表社員が法人である場合は、職務執行者が記名押印する

有限責任社員　　合同会社夏目商店
代表社員　株式会社ナツメ商店
職務執行者　夏目　太郎

押印の際は、しっかりと印影がわかるようにしてください。かすれていたり、半分しか押印できていなかったりする場合は認めてもらえないこともあります。その場合は訂正印などを用いて押印しなおすこともできますが、できればもう一度印刷をし直して押印するほうが綺麗に仕上がります。

POINT!

社員に自然人が含まれない時は、社員になる法人の法人名と代表者名、そして実際に業務を行う職務執行者の名前をすべて記載しておきます。

製本にはルールがある

定款の製本方法は2通り

定款を作成し印刷したら、法務局に提出できるように製本していきましょう。**定款の製本の仕方は2通りで、製本テープを使用し袋とじにするやり方とホチキス留めするやり方があります。**どちらの方法で提出しても構いませんが、それぞれ押印する箇所が決まっているので間違えないようにします。また、どちらの方法で製本するにしても、表紙と裏表紙を作成してから始めてください。

● 製本テープを使用する場合

作成した定款に表紙と裏表紙をつけ、ホチキス留めしてください（左の図を参照）。ホチキス留めをした後は、市販の製本テープを使って製本します。

綺麗に製本できたら、製本テープと紙との継ぎ目をまたぐように押印していきます。この時、**押印は社員全員分の押印が必要です。**表紙と裏表紙の両方に押印ができたら、製本は完了です。収入印紙は、表紙の空いているスペースに貼り、代表社員が個人の実印で消印してください。

● ホチキス留めする場合

ホチキス留めの場合は、表紙と裏表紙の作成、印紙の貼り方については製本テープを使用する場合と同じなので割愛しますが、押印の方法が異なりますので説明します。

ホチキス留めした場合は、各ページの継ぎ目に押印が必要です。押印の仕方については、左のページを参考にしてください。ちなみに、複数の社員がいる場合も社員全員の押印が全ページに必要なので注意してください。

ホチキス留めの場合は、押印の回数が多くなることから、印鑑のカスレや押し間違いなどが起きやすくなります。そのため、製本テープの方が大変そうですが仕上がりも綺麗ですし、押印の回数も少ないのでおすすめです。

● 定款の製本はルール通りに

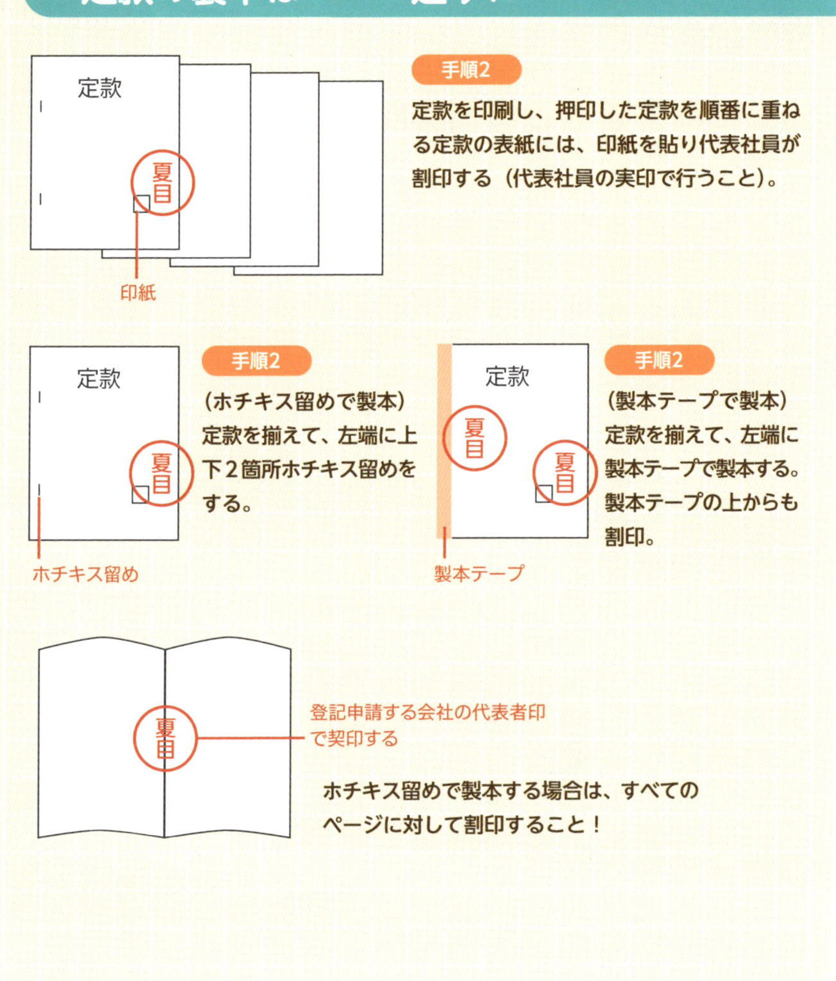

POINT!

定款の綴じ方には決まりがあります。決まりに従っていないと、受付してもらえないので正しく製本してください。

定款作成時の注意

定款の記載方法でやりがちなミス

定款の記載ミスで会社が強制解散になることも

定款の作成時には記載ミスがないかどうかをしっかりと確認しておきましょう。記載漏れがあったために、会社が強制的に解散させられてしまうケースもあり得るからです。例えば1人で合同会社を経営しているような場合、将来的に子どもに事業を承継してもらおうと考えていることもあるでしょう。ですが、会社の定款に相続や合併に関する記載がないと、社員である親が死亡してしまうなど、万が一のことがあった場合、**死亡した時点で合同会社は強制的に解散させられることになります。**強制解散なので、事業の継続ができないだけでなく、合同会社が所有している財産（不動産などの固定資産）は原則として換価（現金化）され、債権者に返済した後、残余財産が相続人に払い戻されることになります。

これは、会社法第607条（法定退社）第3号によって、社員が「死亡」した場合、その社員は「退社」することと定められているからです。さらに、会社法第641条第4号では「社員が欠けたこと」に該当する合同会社は「解散」すると定められています。

要するに、1人しかいない合同会社の社員が死亡してしまうと、社員がゼロになってしまうため、会社は強制解散になるというわけです。そのため次のような文言を記載しておくことで、先ほどのような事態は防ぐことができます。

【記載例】

（法定退社及び相続、合併の場合の特則）

第●条 各社員は、会社法第607条の規定により、退社する。

2 前項の規定にかかわらず、社員が死亡した場合又は合併により消滅した場合においては、当該社員の相続人その他一般承継人が当該社員の持分を承継する。

● 相続のことも考えておこう

1人しかいない社員が死亡した場合、定款に定めがないといくら法定相続人であっても持分を承継することができず、合同会社は解散になってしまいます。

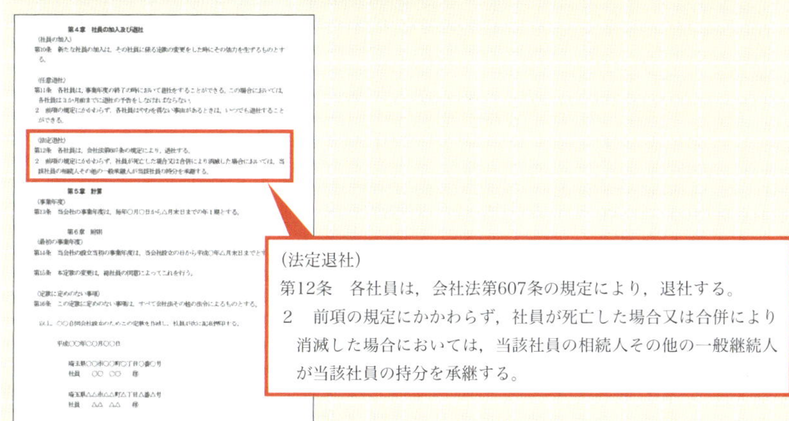

第4章　社員の加入及び退社

（社員の加入）

第10条　新たな社員の加入は、その社員に係る定款の変更をした時にその効力を生ずるものとする。

（任意退社）

第11条　各社員は、事業年度の終了の時において退社をすることができる。この場合においては、各社員は3か月前までに退社の予告をしなければならない。

2　前項の規定にかかわらず、各社員はやむを得ない事由があるときは、いつでも退社することができる。

（法定退社）

第12条　各社員は、会社法第607条の規定により、退社する。

2　前項の規定にかかわらず、社員が死亡した場合又は合併により消滅した場合においては、当該社員の相続人その他の一般承継人が当該社員の持分を承継する。

第5章　計算

（事業年度）

第13条　当会社の事業年度は、毎年○月○日から△月末日までの年1期とする。

第6章　附則

（最初の事業年度）

第14条　当会社の設立当初の事業年度は、当会社設立の日から平成○年△月末日までとす

第15条　本定款の変更は、総社員の同意によってこれを行う。

（定款に定めのない事項）

第16条　この定款に定めのない事項は、すべて会社法その他の法令によるものとする。

以上、○○合同会社設立のためこの定款を作成し、社員が次に記名押印する。

平成○○年○○月○○日

埼玉県○○市○○町○丁目○番○号
社員　○○ ○○　印

埼玉県△△市△△町△丁目△番△号
社員　△△ △△　印

（法定退社）
第12条　各社員は，会社法第607条の規定により，退社する。
2　前項の規定にかかわらず，社員が死亡した場合又は合併により消滅した場合においては，当該社員の相続人その他の一般継続人が当該社員の持分を承継する。

●会社法ではこのように定められている

第607条　社員は、前条、第609条第1項、第642条第2項及び第845条の場合のほか、次に掲げる事由によって退社する。
一　定款で定めた事由の発生
二　総社員の同意
三　死亡
四　合併（合併により当該法人である社員が消滅する場合に限る。）
五　破産手続開始の決定
六　解散（前2号に掲げる事由によるものを除く。）
七　後見開始の審判を受けたこと。
八　除名
2　持分会社は、その社員が前項第5号から第7号までに掲げる事由の全部又は一部によっては退社しない旨を定めることができる。

POINT!

法務局のチェックに引っかかってしまうと、修正するまでは審査が進みません。すぐに修正対応すれば問題ありませんが対応しない場合は却下されます。

特定創業支援等事業制度を利用してみよう

会社設立を急いでいない人は、「特定創業支援等事業制度」を利用するのもおすすめです。特定創業支援等事業制度は、一定以上の期間、回数の相談やセミナーを受けることで、設立時の登録免許税が半額になる制度です。

各自治体が発行する相談やセミナー受講の証明書を、設立時に設立登記申請書に添付するだけでOKなので、会社設立費用の節約にもつながります。ただし、この制度は事業を開始して5年が経過している個人事業主が、新たに会社を設立する場合には適用されません。つまり、個人事業からの法人成りの場合は該当せず、何も事業をしたことがない人もしくは、事業を開始して間もない人が対象ということです。

現在すでに個人事業をしており5年以上経過している人は仕方のないことですが、これから事業を始め、合同会社の設立を検討しているならぜひ利用したいもの。制度の詳細は自治体によって異なるため、会社を登記する（本店所在地）住所を管轄する自治体へ問い合わせてみましょう。証明書の発行期間も最短で1ヵ月ほどかかるので、余裕を持って設立できるようにしておきましょう。中小企業庁のホームページから、特定創業支援等事業制度のある自治体を調べることができますので、該当する人は一度のぞいてみましょう。

中小企業庁ホームページ

「産業競争力強化法に基づく認定を受けた 市区町村別の創業支援等事業計画の概要」

https://www.chusho.meti.go.jp/keiei/chiiki/nintei.html

CHAPTER

04

合同会社の登記申請手続き

いよいよ法務局に法人として認めてもらおう！
「登記」だよ！
法務局
レベルアップ
登記申請書類
法務局に①登記申請して②審査に通れば
個人事業主
Before
③正式に合同会社の設立です
法人
1234567890123
After
④13桁の法人番号をもらえます！
※少し偏ったイメージです

法人には
登記の手続きが
あるからこそ
個人事業主より
信用がアップ
するんだね
法人
※少し偏った
イメージです
さっそく
申請する時の
ポイントを
ぼく……
……が……
眠い！
冬眠しがち
のペースも
アップ
してない？
やっぱり
自分で
がんばら
ないと……

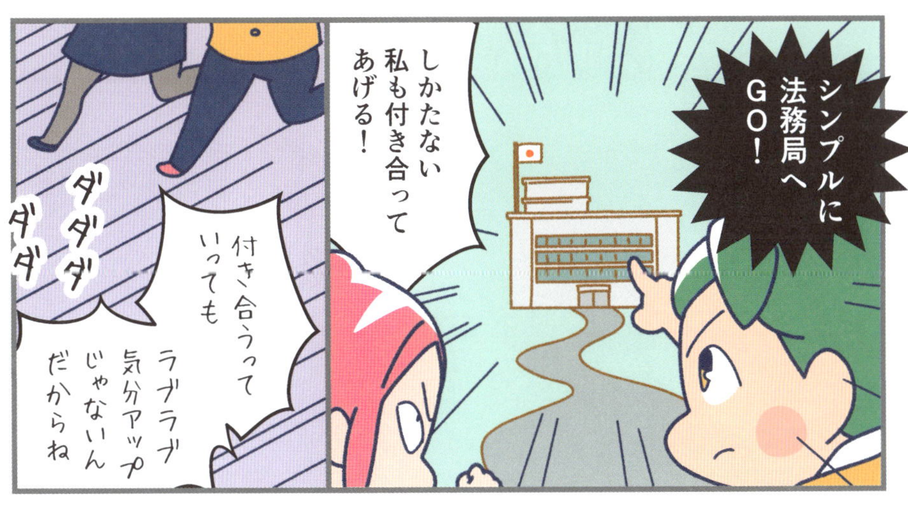
シンプルに
法務局へ
GO！
しかたない
私も付き合って
あげる！
ダダダ
ダダ
付き合うって
いっても
ラブラブ
気分アップ
じゃないん
だからね

申請受付
登記申請
申請受付
それでは登記申請を承ります
必要書類の提出をお願いいたします
定款はすでに作成済み
そうですか
ちらっ
では資本金が振り込まれていることを示す**支払証明書**は
……お持ちではないですね

そうですか
では
ご使用された会社印の**印鑑登録**もここで承ります
ちらっ
そちらの届出書も……ないですか
そうですか

急速にテンションダウン
……
……
定款だけでよいものと

はっ
ぱちんっ
大事な話してた？
登記には定款以外にも必要書類がたくさんあってそれらを登記申請書類として綴じるんだ！
あるいはオンライン申請を使うことで
さらに効率アップ可能！
登記申請書
払込証明書
定款
印鑑届出書
など
登記申請書類
4章で登記に必要な書類をピックアップ！

登記の流れを理解しよう

会社を設立するための設立登記とは？

設立登記とは、これから設立する**会社の本店所在地を管轄している法務局に会社の名称や目的、本店所在地などの事項を申請すること**です。

設立登記手続きの流れ

● **(1) 資本金を準備して振り込む**

最初は会社運営の元手となる資本金を振り込みます。社員が用意した資本金を代表者個人の銀行口座に振り込み、その振込証明書を提出します。

● **(2) 設立登記申請書を作成する**

次に、法人の設立登記申請書を作成していきます。申請書は代表者の記名押印が必要なり、その際に使用する印鑑は会社の代表印と決まっています。ですから、少なくともこの時までには会社印を用意しておきましょう。

● **(3) 添付書類を作成する**

設立登記申請書の項目に含まれない書類を作成していきます。詳しくはP130、132、134で説明します。

● **(4) 印鑑届出書を作成する**

会社印は登記申請時に届出なければ、正式な印鑑として認められません。申請の際に印鑑の届出も作成します。

● **(5) 印刷して綴じる**

登記申請書類の綴じかたにはルールがあるので、それに従って書類を綴じます（P138参照）。

● **(6) 法務局に提出する**

書類の提出先は、会社の本店所在地を管轄する法務局になります。

管轄法務局がわからない場合は、法務局のホームページから探すことができます。

法務局ホームページ『管轄のご案内』(https://houmukyoku.moj.go.jp/homu/static/kankatsu_index.html)

● 会社の設立登記申請の流れ

会社の定款が作成できたら、設立登記申請を行い会社を設立しましょう。

① 資本金を準備して振り込む

② 設立登記申請書を作成する

③ 添付書類を作成する

④ 印鑑届出書を作成する

⑤ 印刷して綴じる

⑥ 法務局に提出する

●管轄法務局は、法務局ホームページから調べられる

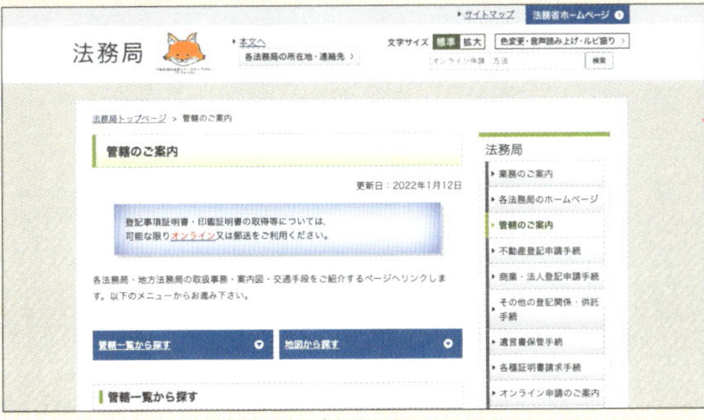

法務局は、会社の登記に関する証明書や印鑑証明のほか、さまざまな申請手続きを行なっている機関です。

法務局ホームページ『管轄のご案内』
https://houmukyoku.moj.go.jp/homu/static/kankatsu_index.html

POINT!

設立時だけでなく、設立後も法人に関係する手続きを行う際にお世話になる所轄法務局を調べておきましょう。

登記申請書類

合同会社の登記申請に必要な書類（基本）をそろえよう

設立登記に必要になる書類は？

登記までの流れがわかったら、次に合同会社の設立登記申請で必要になる書類についてもみていきましょう。設立登記に必要になる書類は設立のパターンによって異なりますので注意してください。合同会社の設立で必要な書類は左の表のとおりです。ここでは、設立パターンに関係なく、必ず提出しなければならない書類を記載しておきます。

登記すべき事項とは？

必要な書類のうち、気になるのは「**登記すべき事項**」という書類です。登記すべき事項は、このあとで説明する登記申請書の項目の一つですが、設立の場合は登記事項が多いため、別紙に記載するのが一般的となっています。合同会社の登記すべき事項として含まれるものは、左の書類サンプルを参考にしてください。

また、登記すべき事項に関しては提出方法が5つあります。その5つとは、**登記申請書に直接記載する方法、別紙を作成して記載する方法、電磁的記録媒体に記載する方法、オンライン申請により提出する方法、QRコード付き書面で提出する方法**です。ただ、登記申請書に直接記載する方法に関しては、すでに述べたとおり記載事項が多いため避けるのが無難です。また、オンライン申請やQRコード付き書面で提出する方法も、国は推奨していますが1度の設立のためにやらなければならない手続きが多く大変です。したがって本書では、最も無難である別紙を作成して記載する方法をおすすめします。

別紙を作成する際は、他の申請書と同じA4サイズで作成してください。

● 設立登記申請に必要な書類とは

	書類の名称	参照ページ
□	合同会社設立登記申請書	P128
□	登記すべき事項	P125
□	収入印紙貼付台紙	P138
□	定款	P104
□	代表社員、本店所在地及び資本金決定書	P130
□	代表社員の就任承諾書	P132
□	払込証明書	P127

●登記すべき事項（例）

「商号」〇〇商店合同会社
「本店」〇県〇市〇町〇丁目〇番〇号
「公告をする方法」官報に掲載してする
「目的」
1　〇〇の製造販売
2　〇〇の売買
3　前各号に附帯する一切の事業
「資本金の額」金〇〇万円
「社員に関する事項」
「資格」業務執行社員
「氏名」〇〇株式会社
「社員に関する事項」
「資格」業務執行社員
「氏名」〇〇〇〇
「社員に関する事項」
「資格」代表社員
「住所」〇県〇市〇町〇丁目〇番〇号
「氏名」〇〇株式会社
「職務執行者」
「住所」〇県〇市〇町〇丁目〇番〇号
「氏名」職務執行者〇〇〇〇
「登記記録に関する事項」設立

登記すべき事項は、テキストファイルで作成し別紙として提出します。
別紙にしない場合は、CD-R/DVD-Rに記録して提出します。

POINT!

設立申請では、足りない書類が1部あっても受理してもらえません。書類の提出忘れがないように、提出する直前にも確認しましょう。

資本金の払い込み

資本金は社員の口座に振り込む

資本金は社員個人の銀行口座に振り込めばいい

資本金は、会社の事業の元手となるお金です。資本金をいくらにするか決めたらその金額を会社の口座に振り込み、資本金があることを証明しなければなりません。ただし、登記申請前のこの時点では会社が設立できていない状態ですから、銀行で法人口座を開設することはできません。そのため、**資本金の振り込み先は社員の個人口座となります。**

社員が1人の場合は自分の銀行口座に振り込み、社員が複数いる場合は代表社員となる人の個人口座に振り込みます。

この時の注意点は、個人口座の残高は資本金に充当できないということです。資本金として振り込んだ証明がないと資本金として認められないため、残高分を資本金にしたい場合はいったん引き出してから再度振り込み作業を行います。また、資本金の振り込みは定款の作成日時よりも後になるようにしてください。

払込証明書を作成しよう

資本金の振り込みが済んだら、振り込まれたことを証明するための**払込証明書**を作成していきましょう。払込証明書の書式は特に決まっていませんので、自分で作成してください。払込証明書に必要な項目は左の図のとおりです。

払込証明書を作成したら、振り込まれた銀行口座の通帳のコピーを取ります。通帳のコピーは、表紙、表紙の裏ページ、実際の振り込みがわかるページの3枚を用意します。このとき、印刷用紙のサイズは他の書類と同じになるようにA4サイズでコピーします。

払込証明書と通帳のコピーは、すべて重ねてホチキス留めを行い、すべてのページに契印してください。

● 資本金の払込証明書の作成

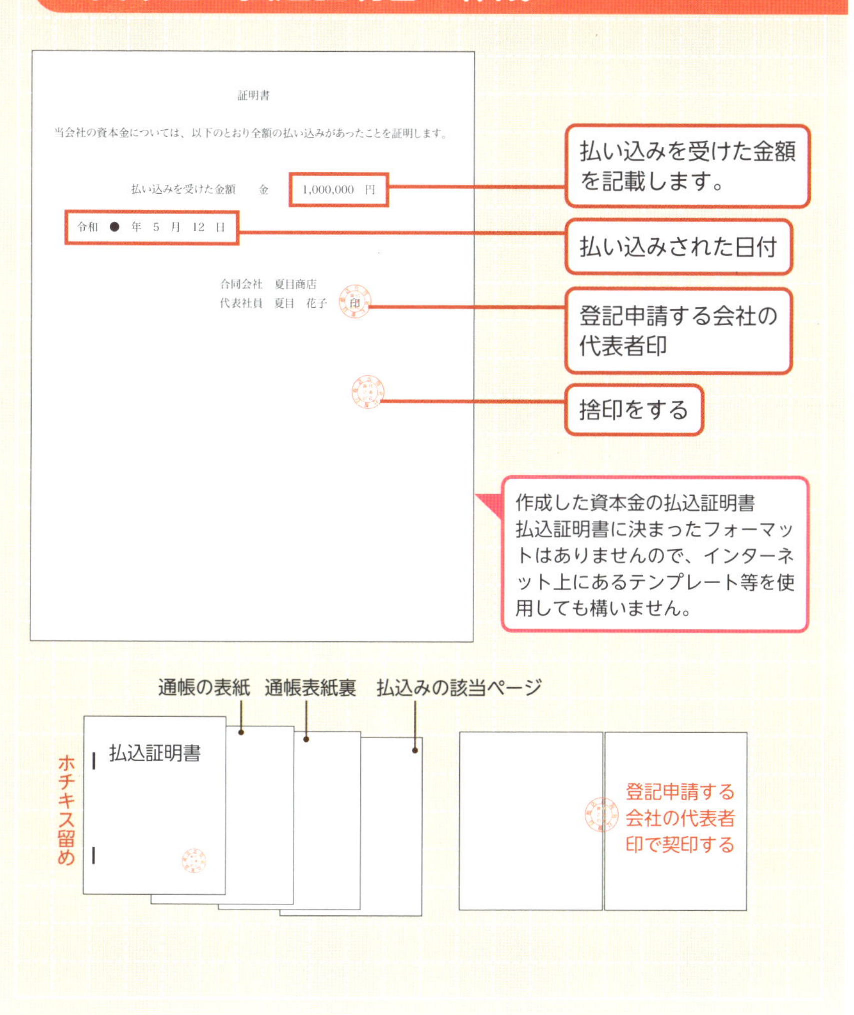
証明書

当会社の資本金については、以下のとおり全額の払い込みがあったことを証明します。

払い込みを受けた金額　金 1,000,000 円

令和 ● 年 5 月 12 日

合同会社　夏目商店
代表社員　夏目　花子　印

払い込みを受けた金額を記載します。
払い込みされた日付
登記申請する会社の代表者印
捨印をする
作成した資本金の払込証明書
払込証明書に決まったフォーマットはありませんので、インターネット上にあるテンプレート等を使用しても構いません。
通帳の表紙
通帳表紙裏
払込みの該当ページ
払込証明書
ホチキス留め
登記申請する会社の代表者印で契印する

POINT!

通帳がないオンラインバンクの場合は、オンラインバンクの取引画面を印刷しておけばOKです。

設立登記申請書の書き方と注意点

設立登記申請書の項目

合同会社の設立登記申請書は、合同会社の代表社員が記名押印しなければなりませんが、書類の作成は代理人が作成しても構いません。

設立登記申請書に必要な項目は次のようなものがあります。

(1) 商号
(2) 本店所在地
(3) 登記の理由
(4) 登記すべき事項
(5) 課税標準金額
(6) 登録免許税
(7) 添付書類
(8) 申請の年月日
(9) 申請人である合同会社の商号と本店
(10) 代表者の氏名または名称及び住所
(11) 代表者の連絡先
(12) 登記所の表記

設立登記申請書は不備のないように記入する

申請書に誤りや不備があった場合は、登記官から申請人に対して、誤りや不備を訂正することを指示する場合があります。この訂正作業のことを**補正**といいます。

補正は、基本的にすぐに訂正することができる軽微な内容についてのものが多く、重大な誤りがある場合やすぐに訂正できないと思われる場合には、申請人に登記申請を一時的に「取下げ」するように指示します。取下げの指示を受けたら、申請人はすぐに訂正を行い、再度申請を行わなければなりません。

もしも法務局からの指示に従わず、補正も取下げもしない場合には、申請そのものが「却下」されます。

設立登記申請書の書き方

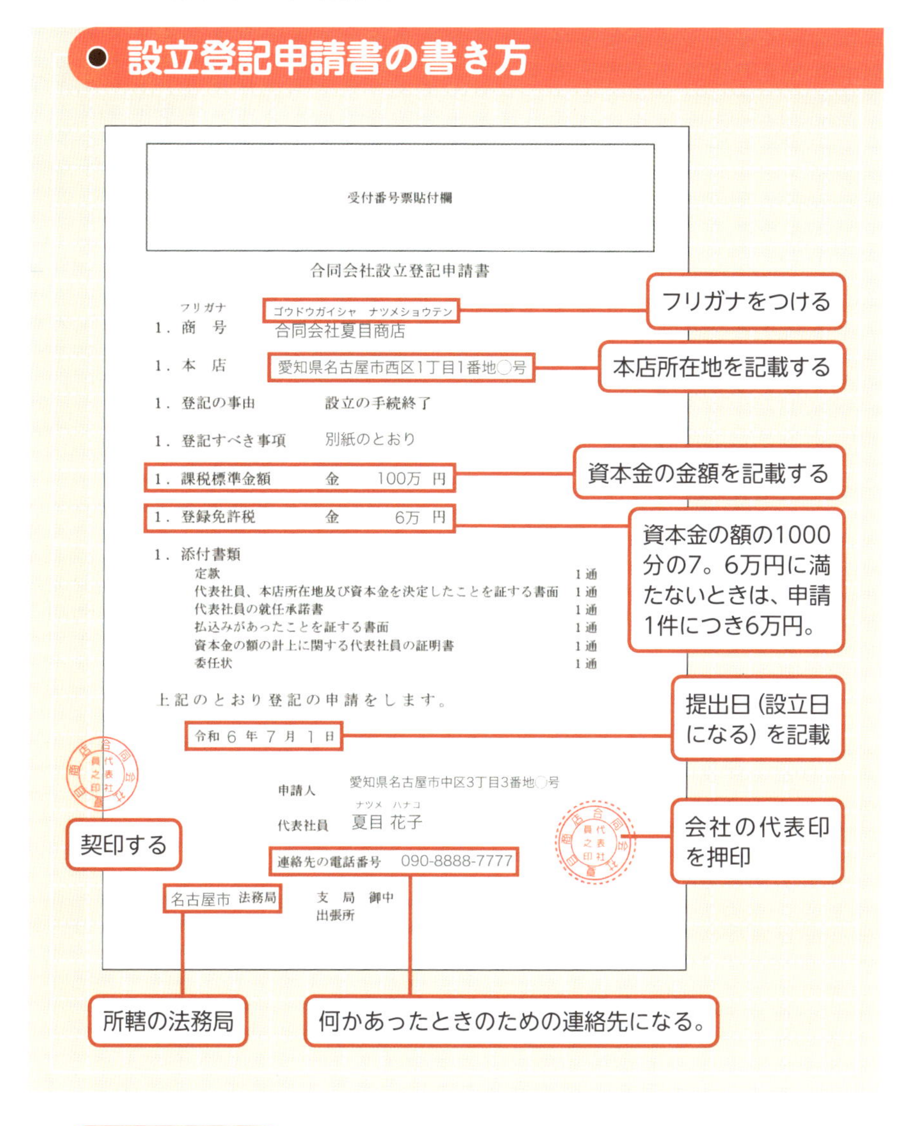

受付番号票貼付欄

合同会社設立登記申請書

1．商　号　（フリガナ）ゴウドウガイシャ　ナツメショウテン
合同会社夏目商店

1．本　店　愛知県名古屋市西区1丁目1番地◯号

1．登記の事由　設立の手続終了

1．登記すべき事項　別紙のとおり

1．課税標準金額　金　100万 円

1．登録免許税　金　6万 円

1．添付書類

定款	1通
代表社員、本店所在地及び資本金を決定したことを証する書面	1通
代表社員の就任承諾書	1通
払込みがあったことを証する書面	1通
資本金の額の計上に関する代表社員の証明書	1通
委任状	1通

上記のとおり登記の申請をします。

令和 6 年 7 月 1 日

申請人　愛知県名古屋市中区3丁目3番地◯号

代表社員　夏目 花子（ナツメ ハナコ）

連絡先の電話番号　090-8888-7777

名古屋市 法務局　支局　出張所　御中

POINT!

登記申請書は、誤字脱字などに注意することはもちろんのこと、住民票と異なる記載の仕方をして差し戻しになることもあります。

添付書類の作成①

合同会社の添付書類をつくろう（社員1名の場合）

社員1名の合同会社の場合に必要な添付書類

社員1名で合同会社を設立する場合、設立登記申請書に添付する書類は基本的に**「本店所在地及び資本金決定書」**のみとなります。ただしこれは金銭出資のみの設立の場合に限ります。もし出資として現物出資を行いたい場合は、給付があったことを証明する**「財産引継書」**や**「資本金の額に計上に関する証明書」**を追加で作成します。

本店所在地及び資本金決定書とは？

本店所在地及び資本金決定書とは、設立する会社の正式な場所と資本金の金額を伝えるための書類です。ただ、決定所はすべての人が必ず提出しなければならないものではありません。例えば、定款に本店所在地の住所が詳細に記載されている場合、定款に資本金の総額が記載されている場合、定款に代表社員の氏名が記載されている場合は作成不要です。

しかし本書では、定款に記載する住所を将来的な変更も考慮して最小行政区画にしたほうがいいとお伝えしました（P76参照）。そのため定款には会社の本店所在地が正式に記載されていないはずです。したがって、この決定書は作成しなければなりません。

●決定書の書き方の注意事項

- **本店所在地は、町名や番地まで正確に書く**
- **業務執行社員である個人の実印を押印する**
- **代表社員が法人の場合は、法人の実印を押印する**
- **記載する日付は、定款作成日と同日もしくはそれ以降の日付を記載する**

代表社員が複数の場合や法人が代表社員になる場合における決定書の書き方については、この後のページで順番に解説していきます。

社員1名のときの添付書類

代表社員、本店所在地及び資本金決定書

代表社員，本店所在地及び資本金決定書の例
(一例です。会社の実情に合わせて作成してください。)

代表社員，本店所在地及び資本金決定書

1．本店　愛知県名古屋市西区１丁目１番○号

2．代表社員　　夏目花子

3．資本金　金１００万円

上記事項を決定する。

令和６年７月１日

合同会社夏目商店
社員　　夏目　花子

本店所在地に関しては、定款への記載があればここに記載しなくてもいい

決定書を作らなくてもいいケース

- 定款に正確な本店所在地が記載されている
- 定款に資本金の総額が記載されている
- 定款に代表社員の氏名が記載されている

POINT!

登記すべき事項を記した添付書類では、定款に記載しなかった事項を記載します。定款に記載した場合はこの書類で記載する必要はありません。

添付書類の作成②

合同会社の添付書類をつくろう（社員が複数の場合）

社員が複数の合同会社の場合に必要な添付書類

社員が複数名の合同会社設立における設立登記申請書に添付する書類は、**「就任承諾書」**と**「代表社員、本店所在地及び資本金決定書」**を作成する必要があります。

社員が複数いる場合は、便宜上も兼ねて代表社員を選出することが一般的です。定款には、社員が平等に記載されていますから、代表社員が誰なのかを知ることができません。そのため「就任承諾書」を作成し、代表社員に選出された人が就任を承諾したことを伝えるのです。

「就任承諾書」を作成したら、次に「代表社員、本店所在地及び資本金決定書」も作成します。こちらは前のページでもお伝えしたように、定款に記載があれば作成不要ですが、定款に代表社員の名前や正確な本店所在地が記載されていないなら作成しましょう。

就任承諾書の作成ポイント

「就任承諾書」を作成する際、代表社員となる人の記名と押印が必要です。記名の際には代表社員の個人の印鑑証明書の住所を記載します。住所の書き方は、印鑑証明書に記載があるとおりに記載し番地の省略などを行わないようにしてください。正式な住所を記載しておかないと、再提出になります。また、日付は決定書の作成日以降の日付を記載します。

代表社員、本店所在地及び資本金決定書

「代表社員、本店所在地及び資本金決定書」の作成では、代表社員の氏名や正確な本店所在地、資本金の総額を正確に記載します。**この時の記名と押印は、合同会社の社員全員の記名と押印が必要**になりますので注意してください。

● 社員が複数名のときの添付書類

●代表社員、本店所在地及び資本金決定書

代表社員，本店所在地及び資本金決定書の例
（一例です。会社の実情に合わせて作成してください。）

> 代表社員，本店所在地及び資本金決定書
>
> 1．本店　　愛知県名古屋市西区１丁目１番○号
>
> 2．代表社員　　夏目花子
>
> 3．資本金　金１００万円
>
> 上記事項を決定する。
>
> 令和６年７月１日
>
> 合同会社夏目商店
> 社員　　夏目　花子
> 社員　　西川　太郎
>
> 社員になる人の名前を全員分記載する

代表社員の就任承諾書の例

> 就任承諾書
>
> 私は，令和６年７月１日，貴社の代表社員に定められたので，その就任を承諾します。
>
> 令和６年７月１日
>
> 愛知県名古屋市西区１丁目１番○号
> 夏目花子
>
> 合同会社夏目商店　御中

POINT!

法務局のチェックに引っかかってしまうと、修正するまでは審査が進みません。担当官の指示に従ってすぐに修正対応すれば問題ありません。

添付書類の作成③

合同会社の添付書類をつくろう（法人が含まれる）

社員に法人が含まれる場合に必要な添付書類

合同会社の社員に法人が含まれる場合、登記の際にはその法人に関する書類がいくつか必要になります。法人が社員になる際に必要な添付書類は左のとおりです。

「就任承諾書」と「代表社員、本店所在地及び資本金決定書」についてはすでに説明したため割愛しますが、これら2つの書類の記名押印は、社員となる法人名とその法人での役職、氏名の記載が必要です。

法人が代表社員、業務執行社員になった場合

社員が法人の場合、その法人がきちんと存在していることを証明しなければなりません。その際に必要な書類が、**「登記事項証明書」**です。「登記事項証明書」は社員になる法人の管轄法務局へ行けば取り寄せることができますので、3ヵ月以内に作成されものを添付します。ちなみに、登記事項証明書には「現在事項全部証明書」と「履歴事項全部証明書」の2種類がありますが、法人に関する情報がすべて記載されている「履歴事項全部証明書」のみで問題ありません。

社員となる法人から、誰が職務執行者になるか？

会社法上では法人も社員になれると定められていますが、いくら法人格があるとはいえ実際に職務を執行するのは法人ではありません。ですから実際に社員となる法人の中から職務にあたる人を決め、**職務執行者**に就任してもらう必要があります。職務執行者に就任してもらうには、**「職務執行者の就任承諾書」**を作成すればいいのですが、社員となる法人の役員などの了承を得ていることを示す書面も必要です。その書面を**「職務執行者の選任に関する書面」**といいます。

● 社員に法人が含まれるのときの添付書類

●代表社員、本店所在地及び資本金決定書

代表社員，本店所在地及び資本金決定書の例
（一例です。会社の実情に合わせて作成してください。）

代表社員，本店所在地及び資本金決定書

1．本店　　愛知県名古屋市西区１丁目１番○号

2．代表社員　　夏目花子

3．資本金　金１００万円

上記事項を決定する。

令和６年７月１日

合同会社夏目商店
社員　　夏目　花子
社員　　西川　太郎
社員．　株式会社安田商事
代表取締役　　安田　仁

法人名を記載し、社員になる人の名前を記載する

職務執行者の就任承諾書（例）

就任承諾書

私は令和6年7月1日、貴社の代表社員の職務執行者に選任されたので、その就任を承諾します。

令和6年7月1日

愛知県名古屋市西区1丁目1番○号
山田太郎

合同会社夏目商店　御中

POINT!

社員に法人が含まれるときは、法人名と職務執行者の名前を記載します。また、社員が複数名いる場合は、代表社員の就任承諾書を作成します。

印鑑届出書を作成しよう

印鑑届出書はほかの申請書と同時に提出でいい

印鑑届出書とは、会社の実印となる代表者印を法務局に届け出るための書類です。会社の代表者印の印鑑登録は、個人の実印を市区町村に印鑑登録するのと同じ意味合いになります。印鑑届出書は、法務局で会社の設立登記を行う際に必要な書類のひとつです。

印鑑届出書の作成ポイント

印鑑届出書の記入は難しいものではありませんが、左上と右下の押印に使用する印鑑を間違えないように気をつけましょう。また、合同会社で代表社員が法人の場合は、書き方や押印に使用する印鑑に注意が必要です。右下に押印するのは、印鑑提出者が自ら法務局で届け出を行う場合は、本人の印鑑登録済みの印鑑(印鑑提出者のいわゆる実印)です。代理人が届出人になる場合は、右下に押印するのは代理人の認め印です。印鑑提出者は、原則として右下、あるいは、委任状の欄のいずれかに、実印を押す必要があります。印鑑届出書を法務局へ届け出る前に、市区町村で印鑑登録を行い印鑑証明書を発行しておきましょう。

法人を代表社員した場合で代表社員と職務執行者が異なる場合

法人が代表社員の場合は「印鑑提出者」の「氏名」の欄には、本店の住所や商号、職務執行者の氏名を記入します。届出人が印鑑提出者本人で、職務執行者が法人の代表者の場合なら「届出人」の「住所」は法人の住所、「氏名」は役職も添えて記入し、右下には法人の代表者印を押印します。届出人が印鑑提出者本人で、職務執行者が法人の代表者以外の場合は「届出人」の「住所」は職務執行者の住所を記入し、「氏名」には役職名は不要です。右下には職務執行者の認め印を押印します。

● 印鑑届出書の書き方

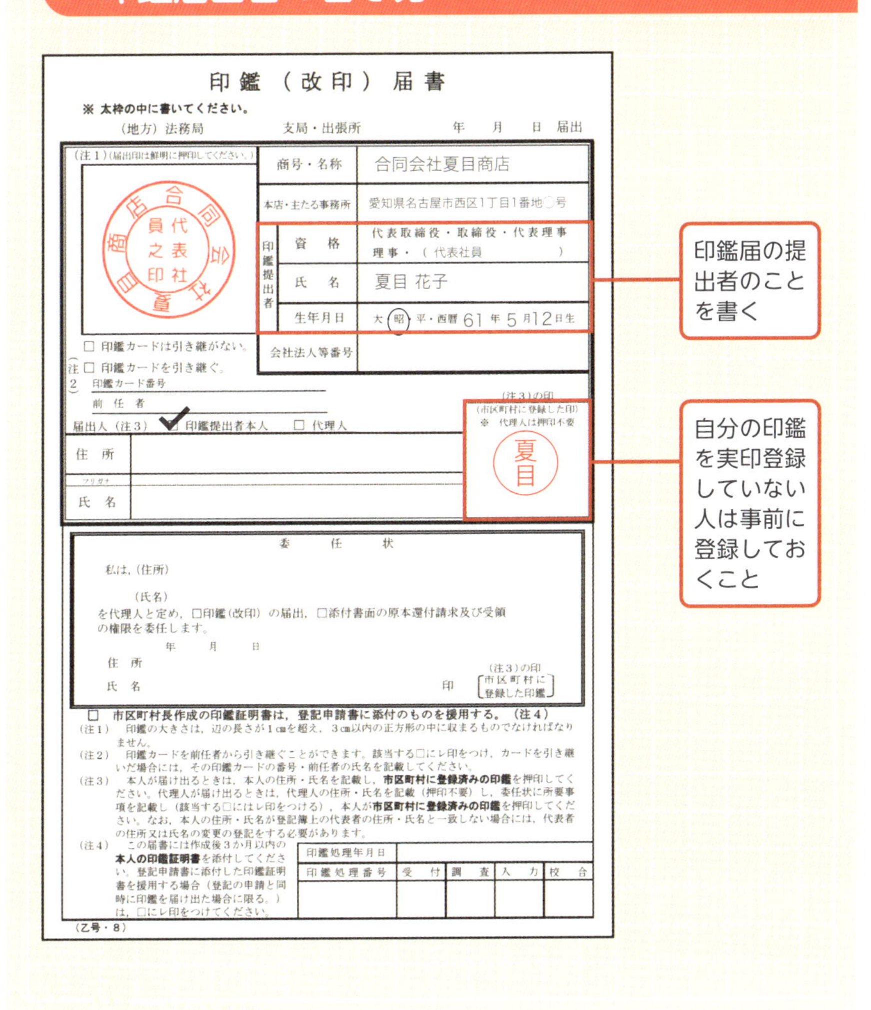

印鑑（改印）届書

※ 太枠の中に書いてください。

（地方）法務局　　支局・出張所　　年　月　日　届出

（注１）（届出印は鮮明に押印してください。）

商号・名称	合同会社夏目商店
本店・主たる事務所	愛知県名古屋市西区1丁目1番地○号
印鑑提出者　資格	代表取締役・取締役・代表理事 理事・（代表社員　　）
印鑑提出者　氏名	夏目 花子
印鑑提出者　生年月日	大・㊐昭・平・西暦 61 年 5 月 12 日生
会社法人等番号	

□ 印鑑カードは引き継がない。
注２ □ 印鑑カードを引き継ぐ。
印鑑カード番号
前任者

届出人（注３）☑ 印鑑提出者本人　□ 代理人

住所	
フリガナ	
氏名	

（注３）の印
（市区町村に登録した印）
※ 代理人は押印不要

委任状

私は，（住所）

（氏名）

を代理人と定め，□印鑑（改印）の届出，□添付書面の原本還付請求及び受領の権限を委任します。

年　月　日

住所

氏名　　印　（注３）の印［市区町村に登録した印鑑］

□ **市区町村長作成の印鑑証明書は，登記申請書に添付のものを援用する。（注４）**

（注１）　印鑑の大きさは，辺の長さが１cmを超え，３cm以内の正方形の中に収まるものでなければなりません。

（注２）　印鑑カードを前任者から引き継ぐことができます。該当する□にレ印をつけ，カードを引き継いだ場合には，その印鑑カードの番号・前任者の氏名を記載してください。

（注３）　本人が届け出るときは，本人の住所・氏名を記載し，**市区町村に登録済みの印鑑**を押印してください。代理人が届け出るときは，代理人の住所・氏名を記載（押印不要）し，委任状に所要事項を記載し（該当する□にはレ印をつける），本人が**市区町村に登録済みの印鑑**を押印してください。なお，本人の住所・氏名が登記簿上の代表者の住所・氏名と一致しない場合には，代表者の住所又は氏名の変更の登記をする必要があります。

（注４）　この届書には作成後３か月以内の**本人の印鑑証明書**を添付してください。登記申請書に添付した印鑑証明書を援用する場合（登記の申請と同時に印鑑を届け出た場合に限る。）は，□にレ印をつけてください。

印鑑処理年月日				
印鑑処理番号	受付	調査	入力	校合

（乙号・８）

POINT!

印鑑届出書には、届出をする人（代表社員）の実印の押印が必要です。実印登録をしていない人は、事前に済ませておきましょう。

正しく綴じて法務局に提出しよう

登記申請書類の綴じかた

合同会社の登記申請に必要な書類は、一式をまとめて提出する決まりになっています。**まとめ方や綴じる順番にはルールがありますので注意してください。**法務局の登記官は毎日多くの申請書類の確認を行うため、綴じる順番やまとめ方がルールと違うと余計な手間がかかり、登記の完了に時間がかかってしまうかもしれません。ですから自己流で行わず、左の図を参考にしながらルール通りに作成していきましょう。

法務局への提出方法は？

法務局へ提出する方法は、**直接持参する方法、郵送、オンライン提出の3つがあります。**

● 直接持参する場合

管轄の法務局を調べ、平日の時間内（午前8時30分～午後5時30分）までの間に申請書をまとめて持参しましょう。提出時に必要な収入印紙は法務局で購入できるので、持参する場合は事前に購入しなくてもかまいません。ただし、消印が必要になるので会社の実印は持参しておきましょう。

法務局から「却下」とされない限りは、**書類の提出日が会社の設立日**になりますが、念の為に受付の際に登記申請日がいつになるかを聞いておきましょう。

● 郵送の場合

登記申請書一式は、郵送でも受け付けてもらえます。郵送の場合、普通郵便でも構いませんが、郵便の到達が確認できるように書留などで送付することをおすすめします。また、他の郵便物と混ざってしまわないように、封筒に「登記申請書類在中」などと記しておきます。わざわざ出向かなくてもいいですが、修正や訂正の連絡があった場合は書類を取りに法務局へ行くことになります。

法務局への提出方法

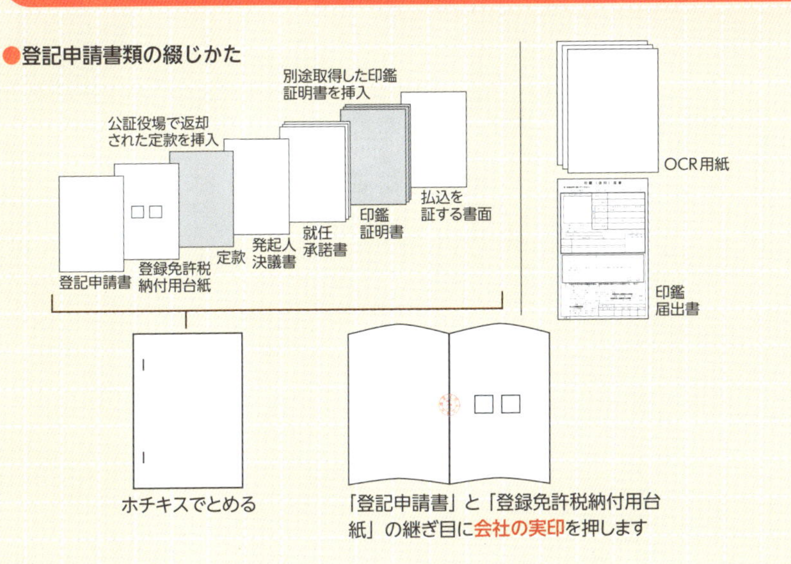

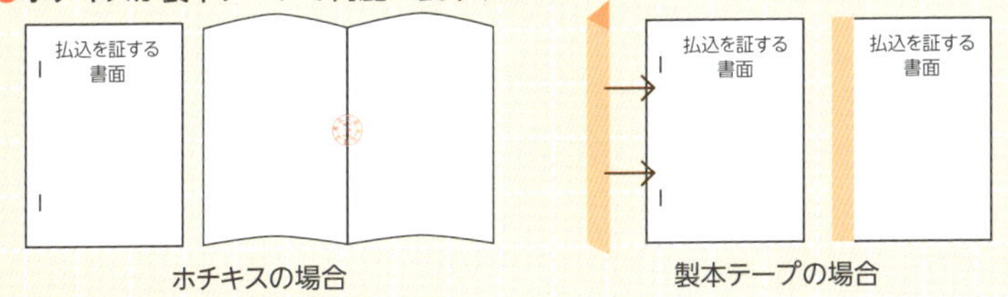

オンライン提出する場合

オンライン申請する場合は、法務局のホームページに方法が記載されていますが、いろいろと環境を用意するのが大変ですので、オンライン申請したいという人はデジタル庁で運営されている「法人設立ワンストップサービス」を活用するのをおすすめします。

「法人設立ワンストップサービス」https://app.e-oss.myna.go.jp/Application/ecOssTop/

POINT!

法務局へ提出する書類は、製本ルールがあります。ルールに沿っていないと、受け付けてもらえなくなりますので要注意！

申請が認められない時

申請が認められない場合の原因

申請後には審査がある

正しく書類を作成していれば、よほどのことがなければ、法務局から「却下」されるようなことはありませんが、書類の不備などが原因で受理してもらえないことはよく起こります。ここでは、申請が認めてもらえないケースについて触れておきます。

●（1）申請書に不備がある

多いのは、**申請書の記載漏れやミス**です。本書でも見本をつけておきますが、場合によっては法務局のホームページも参考にしながら正しく記載してください。特に住所の記載は、登記されている住所を正しく記載しないと指摘されてしまいます。

次に多いのは、**押印漏れ**です。押すべきところに押印がない場合も担当官から指摘されます。押印漏れだけであれば、もしかしたらその場で指摘してもらえることもありますから、直接法務局に行って提出する人は、必ず個人の実印と会社の実印を持っていきましょう。

●（2）添付書類に不備がある

設立登記申請書に添付する書類の不備も気をつけましょう。P138でお伝えしたように、印鑑証明書や定款など、設立登記申請書以外に必要な書類が揃っているかどうかを確認してください。設立のパターンによって必要になる書類も異なりますので、心配な人は事前に法務局に確認するといいでしょう。

●（3）修正や訂正を行わない

書類に不備があると、まずは必ず担当官から連絡があります。その際に不備の理由を教えてもらえますので、言われたとおりに直してすぐに提出しましょう。担当官からの指示にしたがわず、修正や訂正を行わない場合は「却下」となり、申請自体を受け付けてもらえなくなります。

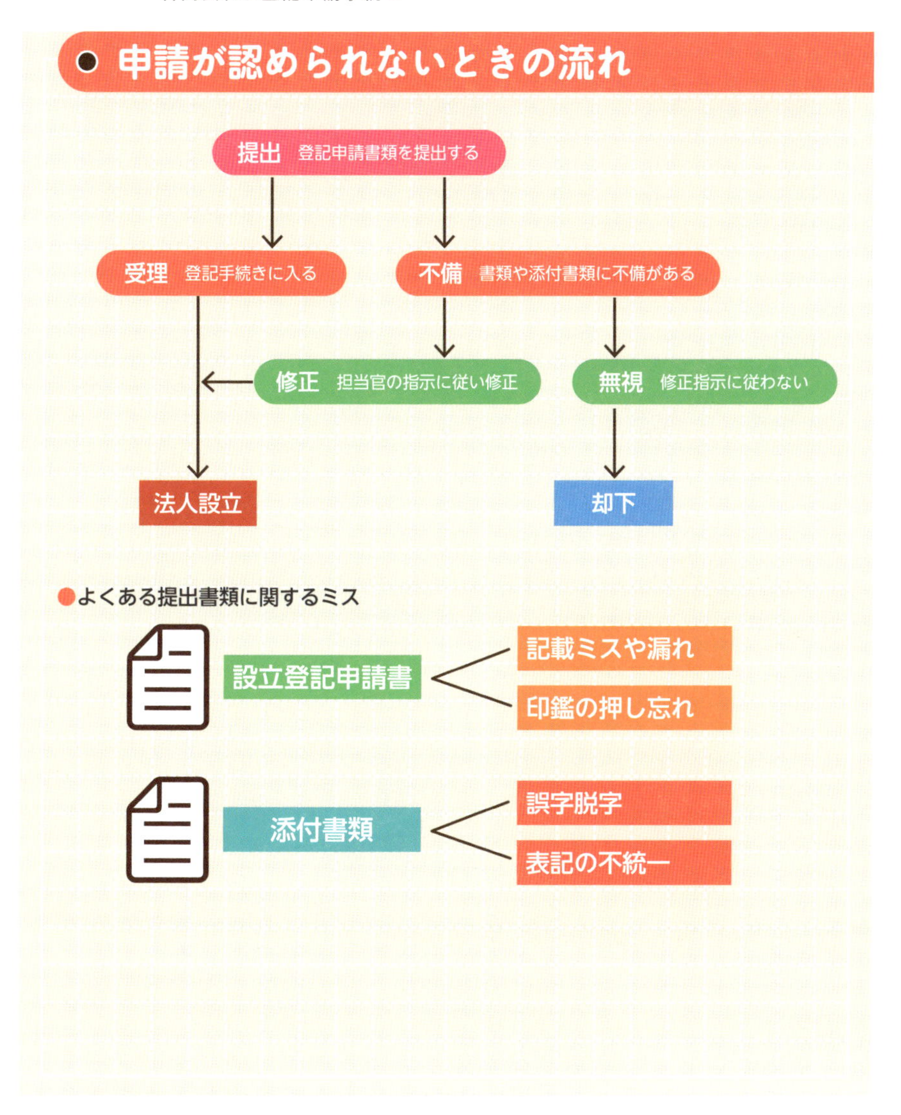

POINT!

法務局のチェックに引っかかってしまうと、修正するまでは審査が進みません。担当官の指示に従ってすぐに修正対応すれば問題ありません。

登記時、合同会社の社員の身分確認は必要ない？

会社設立登記を行う際、本人の身分確認はどのように行われているのでしょうか？

例えば株式会社の場合、役員である取締役は就任承諾書に実印で押印する必要があり、申請時には印鑑証明書も提出することが必須になっています。ですから、株式会社と取締役との間の委任関係が成立していることを証明できるだけでなく、身分確認も同時に行うことができます。

しかし合同会社の場合は、設立登記の際に代表社員や業務執行社員の印鑑証明書や本人確認証明書の添付は必要ありません。会社印を法務局に届け出る際に、代表社員個人の印鑑証明書は提出しますが、他の社員はなんらかの身分確認証を提出することがありません。しかも印鑑証明書はあくまで押印した実印との照合のためです。

つまり、合同会社の登記申請においては、法務局に印鑑を届け出る代表社員以外は身分を確認するプロセスがないということです。極端な話、本当の氏名とは異なる名前で登記したり、実在しない人を業務執行社員として登記したりすることなど、なりすましもできてしまうのが実態なのです。

CHAPTER

05

登記完了後の手続き

登記を完了したチューケンは法人番号をゲットした！
INFORMATION
どん
5F
4F
3F
合同会社
デザケン
INFORMATION
どん！
どどーん！

会社の所在地は今まで通りの事務所ですが
看板は新しく変わりました！
これでチューケンも社長？
いえ、正確には社員ですね
合同会社なので
5F
4F
合同会社
デザケン
SHINE！

チーン♪
むく
むく
えへ
えへ
危
登記が終わって立ち話をしてるお2人さん
むく
むく
リスクがまた大きくなっちゃうよ！

はやめに動こう
その①――
法人口座の開設
これから
必須になる
法人口座を
金融機関で
開設しよう！
銀行
私どもが
審査の上で
開設いたします
え……それって
株式会社より劣る
謎の法人だから
門前払いになると
思うんですけど？
ひそ
ひそ
ここだけの話……
ず、ずいぶん
古いお考えの
ようで……
大丈夫ですよ
合同会社の
認知度は十分！
はやめに動こう
その②――
各役所に
届出書・申請書
を提出
税務署
都道府県
税事務所
役場
年金
事務所
ハロー
ワーク
労働基準
監督署
など

こんなにあちこちの役所に提出しなきゃいけないなんて
もし届出を怠ったら
どうなっちゃう？
届出をしない法人にはペナルティが発生することも
すると少ない費用で設立した合同会社のはずなのに……
各役所によって提出期限がある！
追加の費用が発生しちゃうよね！
￥

立ち止まるなチューケン！
さっそく書類を作ります！
5章で登記完了後のムーブを確認！

SECTION 01

登記できたらすみやかに取得する書類とは？

設立できたかどうかは自分で確認しよう

登記申請書類が無事に受理され審査を通過すると、正式に法人登記されます。法務局から登記された旨の連絡はないので、受付時に聞いておいた登記予定日に法務局のホームページで確認しましょう。登記が完了していたら、無事に法人が設立されたことになります。

書類を取得しよう

法人が設立できたら、次に法人の印鑑カード、印鑑証明書、登記事項証明書の発行をしていきます。設立後は、新しく設立したことを税務所や年金事務所等に知らせなければなりませんし、法人名義の銀行口座の開設も行う必要があります。ですから、それらに必要な書類を揃えていきます。

● 印鑑カードの作成

印鑑カードは、印鑑証明書を発行する際に必要になるカードです。印鑑カードは、**印鑑カード交付申請書**を記入すれば発行してもらえます。法務局によっては、この**印鑑カードを使って他の登記書類も発行できる発行請求機があるところもあります。**印鑑カードはずっと使用するものですから、もらったら大切に保管しておきましょう。なお、カードの発行手数料は不要です。

● 印鑑証明書の発行

印鑑カードが作成できたら、印鑑証明書を発行します。先ほどお伝えしたように、法務局に発行請求機がある場合は印鑑カードを差し込み、発行機の指示にしたがって進めていけばすぐに発行されます。**印鑑証明書の発行手数料は、1通につき450円です。**

● 登記事項証明書の発行

登記事項証明書は、会社が実在することを証明する書類です。銀行口座の開設やその他の関係機関に提出するため、複数枚発行しておくといいでしょう。

● 印鑑カード交付申請書の書き方

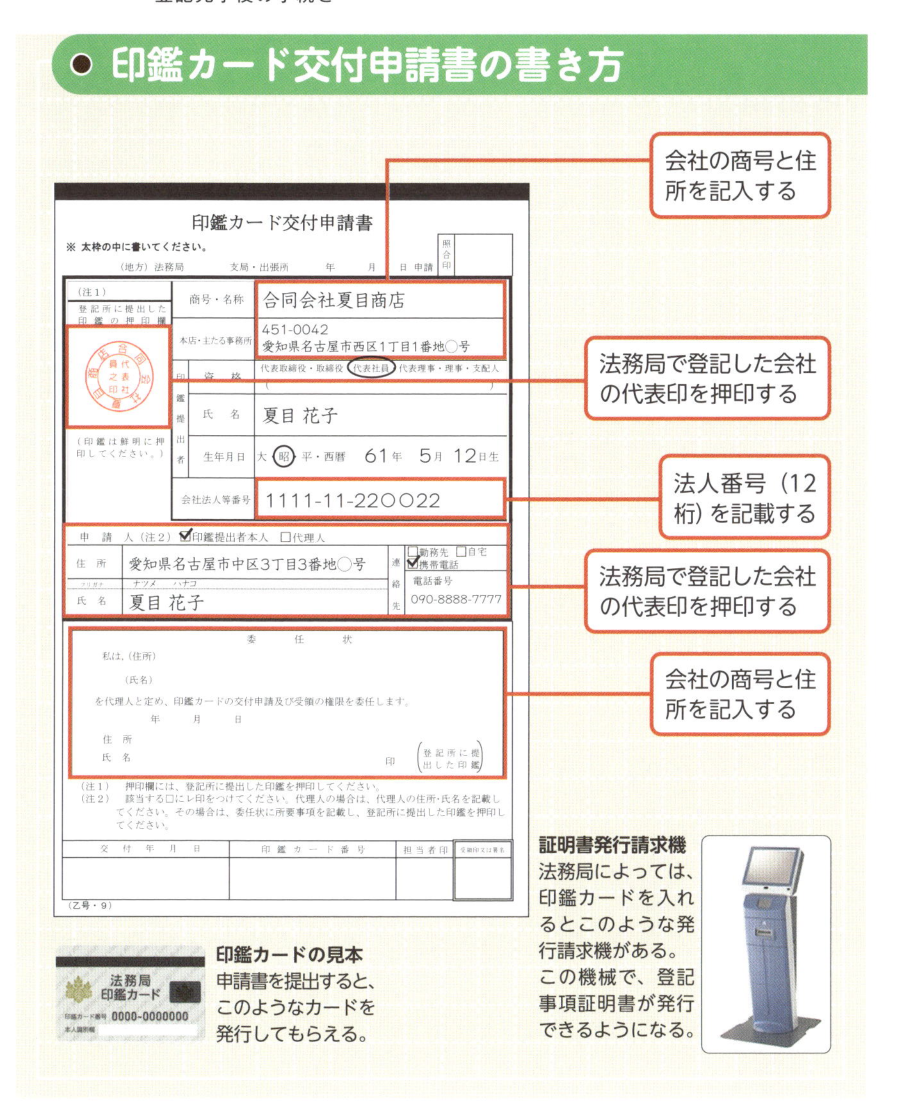

印鑑カード交付申請書

※ 太枠の中に書いてください。

（地方）法務局　支局・出張所　年　月　日 申請　照合印

（注１）登記所に提出した印鑑の押印欄	商号・名称	合同会社夏目商店
	本店・主たる事務所	451-0042 愛知県名古屋市西区1丁目1番地○号
印鑑提出者	資格	代表取締役・取締役・（代表社員）・代表理事・理事・支配人（　）
	氏名	夏目 花子
	生年月日	大・（昭）・平・西暦 61年 5月 12日生
（印鑑は鮮明に押印してください。）	会社法人等番号	1111-11-220○22

申請人（注２）☑印鑑提出者本人　□代理人

住所	愛知県名古屋市中区3丁目3番地○号	連絡先	□勤務先 □自宅 ☑携帯電話
フリガナ	ナツメ　ハナコ		電話番号
氏名	夏目 花子		090-8888-7777

委任状

私は，（住所）

（氏名）

を代理人と定め，印鑑カードの交付申請及び受領の権限を委任します。

年　月　日

住所

氏名　印（登記所に提出した印鑑）

（注１）押印欄には，登記所に提出した印鑑を押印してください。
（注２）該当する□にレ印をつけてください。代理人の場合は，代理人の住所・氏名を記載してください。その場合は，委任状に所要事項を記載し，登記所に提出した印鑑を押印してください。

交付年月日	印鑑カード番号	担当者印	受領印又は署名

（乙号・９）

印鑑カードの見本
申請書を提出すると、このようなカードを発行してもらえる。

証明書発行請求機
法務局によっては、印鑑カードを入れるとこのような発行請求機がある。この機械で、登記事項証明書が発行できるようになる。

POINT!

印鑑カードは、各種証明書を発行するのに必要なカードです。印鑑証明書だけでなく、法人の登記簿謄本などの発行にも必要です。

銀行口座を開設する

法人口座は早めに申請して開設しよう

どこで法人口座を開設するかを決めよう

会社が設立されたら、**会社名義の銀行口座を開設しなければなりません。**例えばこれまで個人事業をしてきた人であれば、個人名義の銀行口座もしくは屋号の入った銀行口座を使っていたと思いますが、会社が設立されたらその口座は取引で使用することができません。

銀行口座はどこの銀行でも構いませんが、個人の銀行口座とは違って法人口座はなかなか開設できません。法人口座の開設は、その法人の信用情報をもとに開設されますから、できたばかりの会社では信用がないに等しいのです。

銀行口座の開設には審査があります。メガバンクでの口座開設に挑戦してもいいですが、審査が厳しく開設が困難です。地元の銀行や信用金庫のほうが比較的開設しやすいと言われています。

ネットバンクでもいいの？

ネットバンクは、インターネット上での取引をメインとした金融機関のことで、実店舗が存在しない銀行もあります。新設した法人の場合、銀行口座の開設に苦労することも少なくありませんが、そんな中でネットバンクは比較的審査に通過しやすいと言われています。そのため、最近ではネットバンクで法人口座を開設する人も増えているようです。

ネットバンクは、振り込み作業等がネット上だけで完結するため大変便利ですが、一方で**法人間の取引に使用する口座としては信用面でメガバンクや地方銀行よりも劣ります。**

また、経営セーフティ共済（中小企業倒産防止共済）の掛け金の引き落とし口座にはネットバンクの口座が利用できないなど、不便な面もあります。

法人口座はどこで作ればいい？

法人口座の開設で必要になるもの

法人の銀行印
法人の印鑑証明書
登記簿謄本（履歴事項全部証明書）
各銀行指定の口座開設申し込み書
代表者の身分証明書

各銀行の特徴

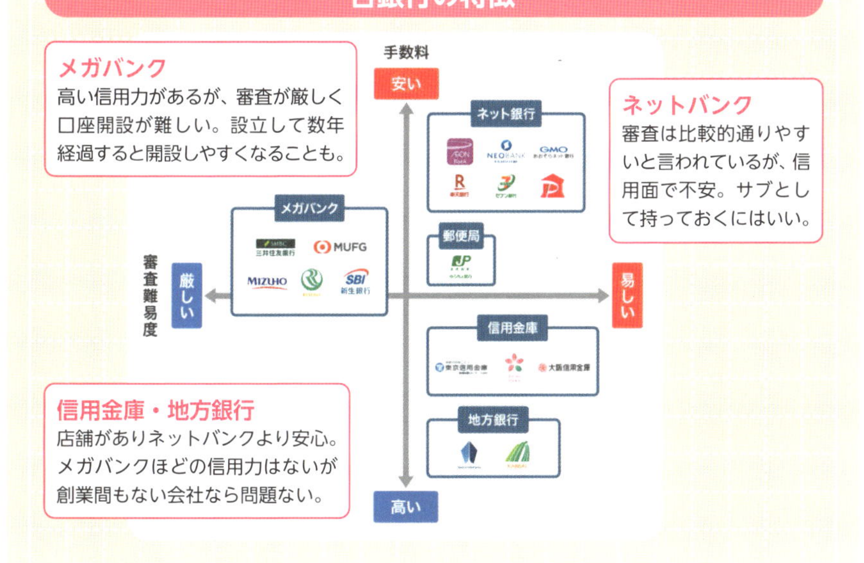

メガバンク
高い信用力があるが、審査が厳しく口座開設が難しい。設立して数年経過すると開設しやすくなることも。
手数料
安い
高い
審査難易度
厳しい
易しい
ネット銀行
NEOBANK
GMO
メガバンク
MUFG
MIZUHO
SBI
新生銀行
郵便局
信用金庫
大阪信用金庫
地方銀行
ネットバンク
審査は比較的通りやすいと言われているが、信用面で不安。サブとして持っておくにはいい。
信用金庫・地方銀行
店舗がありネットバンクより安心。メガバンクほどの信用力はないが創業間もない会社なら問題ない。

POINT!

地方銀行や信用金庫などは比較的スムーズに開設できます。また、知り合いの経営者などから銀行を紹介してもらうと審査に通りやすかったりします。

書類の提出先と期限を守ろう

登記完了後に届出が必要な機関と書類

会社が設立されたことを知らせよう

登記が完了したら、税務署や年金事務所、都道府県税事務所などに届出をして新しく会社が設立されたことを伝えなければなりません。万が一、届出を行わなくても、税務署は法人の設立を把握しているため連絡がきます。届出はしないといけないもので、避けられるものではありませんから注意してください。特に税務署への届出に関しては設立から2ヵ月以内にすみやかに行いましょう。数ヵ月経ってから届出をすると、1期目の青色申告が受けられなくなることがあります。

また、提出の際には先ほど取得した印鑑証明書や登記事項証明書などが必要になりますので、法務局で多めに発行しておきましょう。

会社設立後に提出が必要になる書類は主に次のとおりです。それぞれの書類をどこに提出すればいいかは、左のページで示しているとおりです。

書類を作成する際は、提出用と会社の控え用と2部ずつ作成してください。会社控え用は、提出時に受領印を押印してもらい返却してもらいます。

届け出には期限があるので要注意

また提出する書類にはそれぞれ提出期限があります。設立後は、特に誰からも「提出してください」と連絡があるわけではありませんので、自分で確認して関係機関に届け出してください。また、気をつけなければならないのは、**許認可が必要な事業を行う場合**です。

許認可関係の書類については、保健所などその許認可に関連する機関へ提出しなければなりません。必要な書類については、各機関へ直接問い合わせたほうが、間違いがなく安心です。本書では、主な許認可申請の届け先についてP168で触れています。

● 登記完了後に届出が必要な書類一覧

書類名	提出先	提出義務	提出期限	内容／添付書類
法人設立届出書	税務署	○	設立から2ヵ月以内	添付書類：定款のコピー、履歴事項全部証明書、株主名簿、設立時の貸借対照表
青色申告の承認申請書	税務署	○	設立から3ヵ月以内	青色申告の優遇を受けるために申請書
給与支払事務所等の開設届出書	税務署	○	設立から1月以内	従業員を雇用し給与を支払う場合に報告
源泉所得税の納期の特例の承認に関する申請書	税務署	任意	給与支払事務所等の開設届出書と一緒に	源泉徴収税を半年に1回まとめて納付することを承認してもらうための申請
法人設立届出書	都道府県	○	設立から2ヵ月以内	添付書類：定款のコピー、履歴事項全部証明書、株主名簿、設立時の貸借対照表
法人設立届出書	市町村	○	設立から2ヵ月以内	添付書類：定款のコピー、履歴事項全部証明書、株主名簿、設立時の貸借対照表
新規適用書 新規適用事業所現況書 被保険者資格取得届 健康保険被扶養者（異動）届 国民年金第3号被保険者の届出	年金事務所	○	設立後、5日以内	添付書類：会社の登記簿藤本、保険料の口座振替依頼書、事務所の賃貸借契約書の写し、出勤簿、労働者名簿、賃金台帳、源泉所得税の領収書など

書類の名称	提出先	提出義務	提出期限	備考・留意点
雇用保険適用事業所設置届	公共職業安定所（ハローワーク）	○	従業員の雇用を開始した日の翌日から10日以内	添付書類：会社の登記簿藤本、労働者名簿、賃金台帳、出勤簿、労働保険関係成立届の控え
雇用保険被保険者資格取得届	公共職業安定所（ハローワーク）	○	従業員を雇用した日が属する月の翌月の10日まで	
保険関係成立届	労働基準監督署	○	従業員の雇用を開始した日の翌日から10日以内	添付書類：会社の登記簿藤本、労働者名簿、賃金台帳、出勤簿
労働保険概算保険料申告書	都道府県労働局	○	保険関係が成立した後50日以内	

POINT!

届出書は提出期限があるものが多いので注意しましょう。誰かから「提出してください」と言われるわけではないので、自分で手続きします。

税務署への提出

青色申告を提出した方が、メリットが多い

青色申告と白色申告が選べる

法人が設立されたら、税務署に設立したことを伝えます。税務署に提出する書類は、**「法人設立届出書」**のほかに**「青色申告の承認申請書」**があります。設立した会社にかかる法人税について申告する制度には青色申告と白色申告があり、どちらでも好きな方を選択することができます。

何も申告しないと基本的には白色申告になりますが、税務上のメリットが大きいため**青色申告を申請するのが一般的**です。ただし青色申告を適用するにはルールがあり、会社の取引のすべてを複式簿記で作成し、かつ請求書や領収書、仕訳帳、総勘定元帳などの会計書類や帳簿を保存しておかなければなりません。

少々面倒な部分もありますが、青色申告を選択することで**「欠損金（赤字）が10年繰り越せる」「欠損金（赤字）の繰越還付も選べる」「特別償却ができる」「税額控除がある」**といったメリットが複数あります。

青色申告の承認申請書の書き方

青色申告の承認申請書では、最初の事業年度を記載する項目があります。第1期の開始日は法人が設立された設立年月日を記載しておきましょう。

ちなみに、設立1期目から青色申告の承認を受けたい場合は、設立後3ヵ月以内に提出しなければならないとされています。

個人から法人成りする場合

法人成りをしたタイミングで個人事業を廃業すると決めた人は、所轄の税務署に個人事業の廃業届けを提出しておきましょう。

● 青色申告の承認申請書の書き方

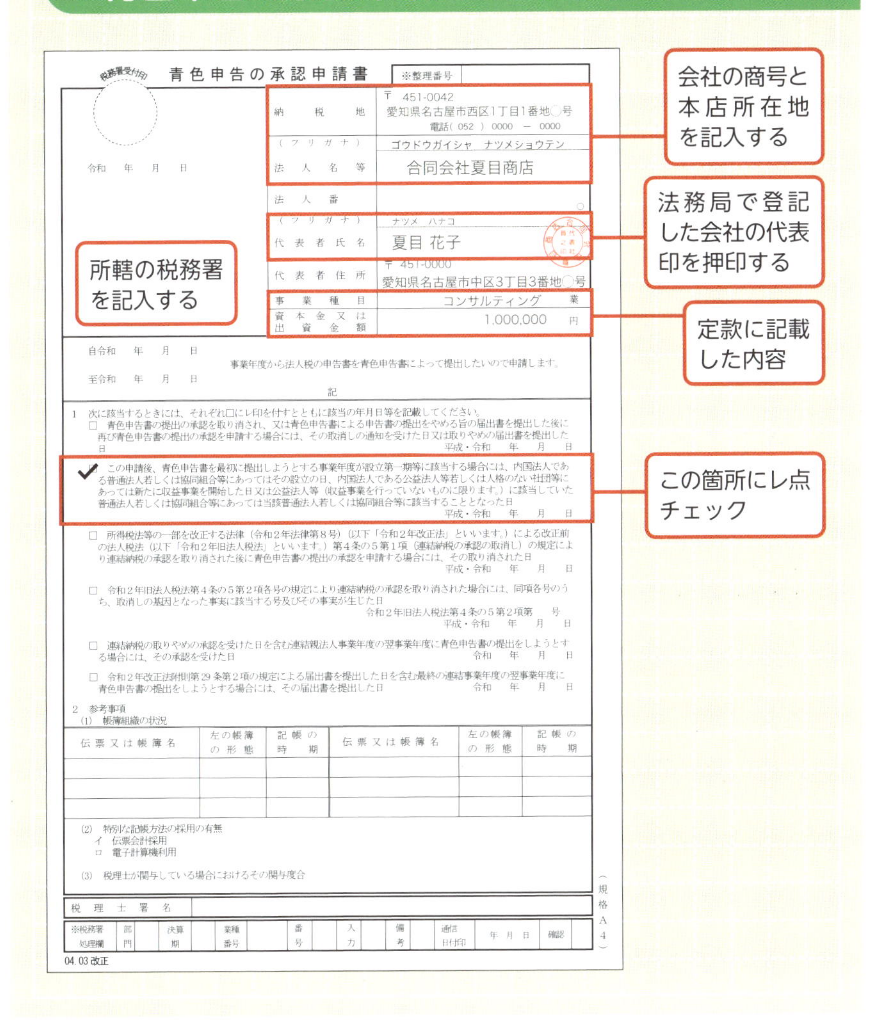

青色申告の承認申請書

税務署受付印

※整理番号

令和　年　月　日

納税地	〒 451-0042 愛知県名古屋市西区1丁目1番地◯号 電話(052) 0000 ― 0000
(フリガナ)	ゴウドウガイシャ　ナツメショウテン
法人名等	合同会社夏目商店
法人番号	
(フリガナ)	ナツメ　ハナコ
代表者氏名	夏目 花子
代表者住所	〒 451-0000 愛知県名古屋市中区3丁目3番地◯号
事業種目	コンサルティング　業
資本金又は出資金額	1,000,000 円

自令和　年　月　日
至令和　年　月　日
事業年度から法人税の申告書を青色申告書によって提出したいので申請します。

記

1 次に該当するときには、それぞれ□にレ印を付すとともに該当の年月日等を記載してください。

□ 青色申告書の提出の承認を取り消され、又は青色申告書による申告書の提出をやめる旨の届出書を提出した後に再び青色申告書の提出の承認を申請する場合には、その取消しの通知を受けた日又は取りやめの届出書を提出した日　平成・令和　年　月　日

☑ この申請後、青色申告書を最初に提出しようとする事業年度が設立第一期等に該当する場合には、内国法人である普通法人若しくは協同組合等にあってはその設立の日、内国法人である公益法人等若しくは人格のない社団等にあっては新たに収益事業を開始した日又は公益法人等（収益事業を行っていないものに限ります。）に該当していた普通法人若しくは協同組合等にあっては当該普通法人若しくは協同組合等に該当することとなった日　平成・令和　年　月　日

□ 所得税法等の一部を改正する法律（令和２年法律第８号）（以下「令和２年改正法」といいます。）による改正前の法人税法（以下「令和２年旧法人税法」といいます。）第４条の５第１項（連結納税の承認の取消し）の規定により連結納税の承認を取り消された後に青色申告書の提出の承認を申請する場合には、その取り消された日　平成・令和　年　月　日

□ 令和２年旧法人税法第４条の５第２項各号の規定により連結納税の承認を取り消された場合には、同項各号のうち、取消しの基因となった事実に該当する号及びその事実が生じた日　令和２年旧法人税法第４条の５第２項第　号　平成・令和　年　月　日

□ 連結納税の取りやめの承認を受けた日を含む連結親法人事業年度の翌事業年度に青色申告書の提出をしようとする場合には、その承認を受けた日　令和　年　月　日

□ 令和２年改正法附則第29条第２項の規定による届出書を提出した日を含む最終の連結事業年度の翌事業年度に青色申告書の提出をしようとする場合には、その届出書を提出した日　令和　年　月　日

2 参考事項
(1) 帳簿組織の状況

伝票又は帳簿名	左の帳簿の形態	記帳の時期	伝票又は帳簿名	左の帳簿の形態	記帳の時期

(2) 特別な記帳方法の採用の有無
イ 伝票会計採用
ロ 電子計算機利用

(3) 税理士が関与している場合におけるその関与度合

税理士署名											
※税務署処理欄	部門	決算期	業種番号	番号	入力	備考	通信日付印	年月日	確認		

04.03 改正

（規格A4）

POINT!

青色申告と白色申告がありますが、法人なら青色申告がおすすめです。個人からの法人成りの場合は、個人事業の廃業届の提出もしておきましょう。

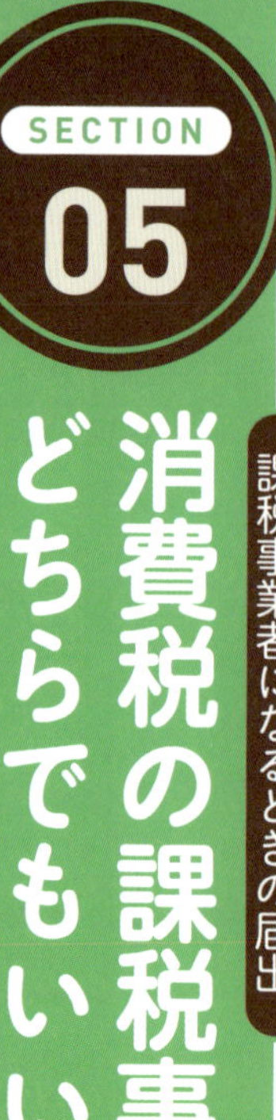

SECTION 05

消費税の課税事業者登録はどちらでもいい

法人になると消費税の納税義務がある

個人事業と異なるのは、消費税の納税義務が発生することです。私たちは日頃の生活の中、いたる所で消費税を支払っていますが、その支払った消費税はどうなっているか知っていますか。**消費者が支払った消費税は、原則として、預かった事業者がまとめて申告し、納税する仕組み**になっています。ですから事業者になると消費税の申告と納税の義務が発生するのです。ただし、厳密にいうとすべての事業者に消費税の支払い申告、納税義務があるわけではありません。事業者は、消費税の申告、納税義務が生じる**課税事業者**と、消費税の申告、納税が免除される**免税事業者**にわかれています。課税事業者は、年間の**課税売上高が1000万円を超えている場合自動的に課税事業者**になりますが、それ以外の事業者の場合は申請すれば課税事業者になることができます。また、**資本金が1000万円以上ある場合も課税事業者**になります。

課税事業者になる場合は選択届出書を提出する

課税事業者を選択する場合は、税務署に「**消費税課税事業者選択届出書**」を提出しなければなりません。この届出書の提出期限は、原則として適用を受けようとする課税期間の初日の前日までとなりますが、設立事業年度であれば、課税期間中であれば提出していいことになっています。

新設法人は原則免税事業者になる

新しく設立したばかりの会社はまだ売上がありませんから、**原則として免税事業者**となります。しかし支払った消費税額が多かった場合に還付を受けることができるため、多くの会社が課税事業者の申請をします。

● 消費税課税事業者選択届出書の書き方

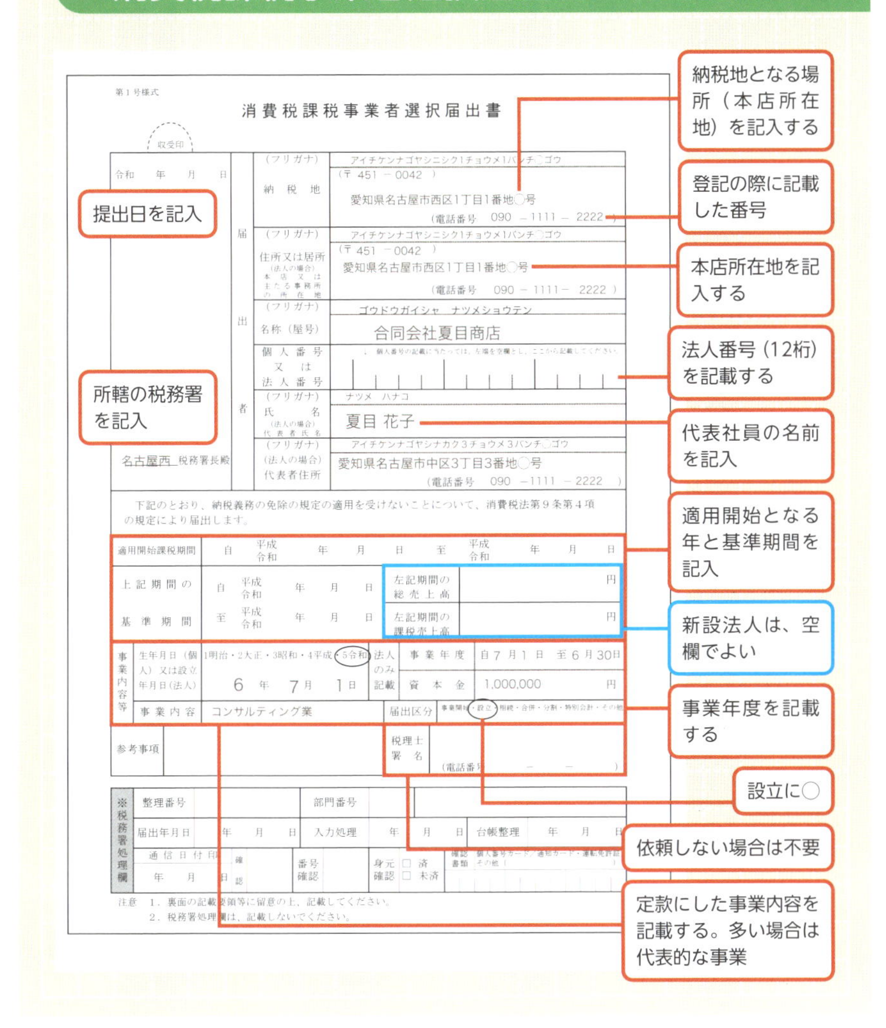

第1号様式

消費税課税事業者選択届出書

収受印

令和　年　月　日

届出者	(フリガナ)	アイチケンナゴヤシニシク1チョウメ1バンチ〇ゴウ
	納税地	(〒451－0042) 愛知県名古屋市西区1丁目1番地〇号 (電話番号 090－1111－2222)
	(フリガナ)	アイチケンナゴヤシニシク1チョウメ1バンチ〇ゴウ
	住所又は居所 (法人の場合) 本店又は主たる事務所の所在地	(〒451－0042) 愛知県名古屋市西区1丁目1番地〇号 (電話番号 090－1111－2222)
	(フリガナ)	ゴウドウガイシャ　ナツメショウテン
	名称(屋号)	合同会社夏目商店
	個人番号又は法人番号	↓個人番号の記載に当たっては、左端を空欄とし、ここから記載してください。
	(フリガナ)	ナツメ　ハナコ
	氏名 (法人の場合) 代表者氏名	夏目 花子
	(フリガナ)	アイチケンナゴヤシナカク3チョウメ3バンチ〇ゴウ
	(法人の場合) 代表者住所	愛知県名古屋市中区3丁目3番地〇号 (電話番号 090－1111－2222)

名古屋西 税務署長殿

下記のとおり、納税義務の免除の規定の適用を受けないことについて、消費税法第9条第4項の規定により届出します。

適用開始課税期間	自 平成/令和　年　月　日	至 平成/令和　年　月　日	
上記期間の基準期間	自 平成/令和　年　月　日 至 平成/令和　年　月　日	左記期間の総売上高　円 左記期間の課税売上高　円	
事業内容等	生年月日(個人)又は設立年月日(法人)：1明治・2大正・3昭和・4平成・5令和 6年 7月 1日	法人のみ記載：事業年度 自7月1日 至6月30日	資本金 1,000,000 円
	事業内容：コンサルティング業	届出区分：事業開始・設立・相続・合併・分割・特別会計・その他	
参考事項		税理士署名 (電話番号　－　－　)	

※税務署処理欄			
整理番号		部門番号	
届出年月日　年　月　日	入力処理　年　月　日	台帳整理　年　月　日	
通信日付印　年　月　日	確認	番号確認	身元確認 □済 □未済

注意　1．裏面の記載要領等に留意の上、記載してください。
　　　2．税務署処理欄は、記載しないでください。

POINT!

新設法人の場合は、最初の2年は消費税が免除されますが、この書類を提出すると免除になりません。

SECTION 06

インボイスへの対応

会社になったらインボイスには登録すべき？

インボイス制度とは

インボイス制度とは、**消費税の納税に関する制度で令和5年10月1日から施行開始になった新しい制度**です。この制度は、消費税の仕入れ税額控除の要件に関する制度で、消費税の仕入れ税額控除を受けたい事業者はかならず事前に登録しなければならないことになっています。

詳しく説明すると、消費税を納税する際、事業者は売上消費税から支払い消費税（仕入れや外注等にかかった消費税）を控除し、差額分を税務署に納税することになっています。この仕入れ消費税を控除する要件として、これまでは請求書や帳簿の保存が義務づけられていました。しかしインボイス制度が導入されたことにより、適用される請求書が変わり**「適格請求書（インボイス）」の保存が必要**になったのです。

つまり消費税を納税する義務のある事業者は、**適格請求書をもらわなければ、仕入れ消費税を控除できなくなってしまう**のです。この適格請求書は、すべての事業者が発行できるわけでなく、**「適格請求書発行事業者の登録申請書」**を税務署に提出し、事業者登録を済ませている事業者でなければ発行できません。

課税事業者登録とインボイス登録は別もの

法人になると自動的にインボイス事業者になれると勘違いしている人もいますが、実はそうではありません。**インボイス事業者になる条件は課税事業者登録と適格請求書発行事業者登録の2つが必要**になります。ですから、課税事業者登録をしていない事業者は当然インボイス事業者になれませんし、課税事業者登録をしている事業者でもあらためて適格請求書発行事業者登録をしなければインボイス事業者になれません。

● 適格請求書発行事業者の登録申請書の書き方

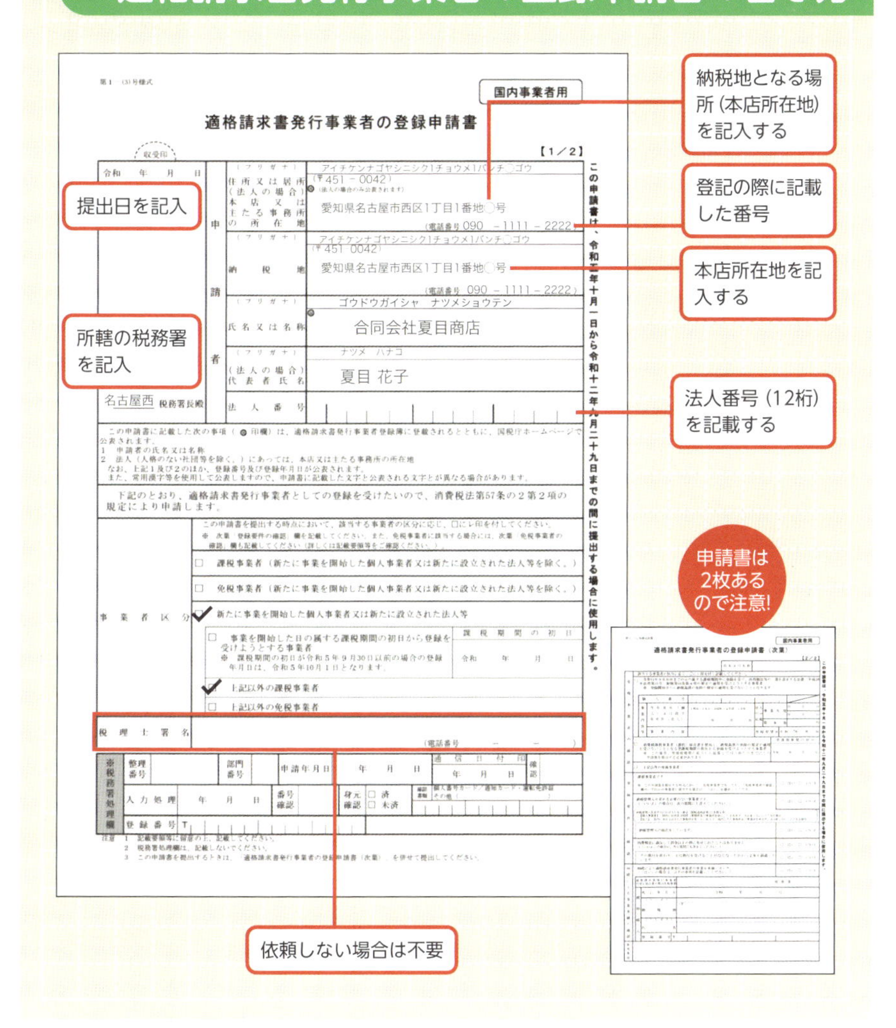

第1-(3)号様式

国内事業者用

適格請求書発行事業者の登録申請書

【1／2】

令和 年 月 日	申請者	（フリガナ）	アイチケンナゴヤシニシク1チョウメ1バンチ〇ゴウ
		住所又は居所（法人の場合）本店又は主たる事務所の所在地	（〒451－0042）（法人の場合のみ公表されます） 愛知県名古屋市西区1丁目1番地〇号 （電話番号 090 －1111－2222）
		（フリガナ）	アイチケンナゴヤシニシク1チョウメ1バンチ〇ゴウ
		納税地	（〒451 0042） 愛知県名古屋市西区1丁目1番地〇号 （電話番号 090 －1111－2222）
		（フリガナ）	ゴウドウガイシャ ナツメショウテン
		氏名又は名称	合同会社夏目商店
		（フリガナ）	ナツメ ハナコ
		（法人の場合）代表者氏名	夏目 花子
名古屋西 税務署長殿		法人番号	

この申請書に記載した次の事項（◎印欄）は、適格請求書発行事業者登録簿に登載されるとともに、国税庁ホームページで公表されます。
1 申請者の氏名又は名称
2 法人（人格のない社団等を除く。）にあっては、本店又は主たる事務所の所在地
なお、上記1及び2のほか、登録番号及び登録年月日が公表されます。
また、常用漢字等を使用して公表しますので、申請書に記載した文字と公表される文字とが異なる場合があります。

下記のとおり、適格請求書発行事業者としての登録を受けたいので、消費税法第57条の2第2項の規定により申請します。

事業者区分	この申請書を提出する時点において、該当する事業者の区分に応じ、□にレ印を付してください。 ※ 次葉「登録要件の確認」欄を記載してください。また、免税事業者に該当する場合には、次葉「免税事業者の確認」欄も記載してください（詳しくは記載要領等をご確認ください。）。
	□ 課税事業者（新たに事業を開始した個人事業者又は新たに設立された法人等を除く。）
	□ 免税事業者（新たに事業を開始した個人事業者又は新たに設立された法人等を除く。）
	✔ 新たに事業を開始した個人事業者又は新たに設立された法人等
	□ 事業を開始した日の属する課税期間の初日から登録を受けようとする事業者 ※ 課税期間の初日が令和5年9月30日以前の場合の登録年月日は、令和5年10月1日となります。／課税期間の初日 令和 年 月 日
	✔ 上記以外の課税事業者
	□ 上記以外の免税事業者
税理士署名	（電話番号 － － ）

※税務署処理欄							
整理番号		部門番号		申請年月日	年 月 日	通信日付印 年 月 日	確認
入力処理	年 月 日	番号確認		身元確認	□ 済 □ 未済	確認書類 個人番号カード／通知カード・運転免許証 その他（ ）	
登録番号	T						

注意 1 記載要領等に留意の上、記載してください。
2 税務署処理欄は、記載しないでください。
3 この申請書を提出するときは、「適格請求書発行事業者の登録申請書（次葉）」を併せて提出してください。

この申請書は、令和五年十月一日から令和十二年九月二十九日までの間に提出する場合に使用します。

POINT!

インボイス（適格請求書）を発行できる事業者は、この申請書を提出した事業者のみ。申請した事業者には登録番号が発行されます。

SECTION 07

法人事業税・住民税を支払うための届け出をしよう

都道府県事務所・市町村役場への届出

「法人税等」に含まれる3つの税

会社が事業を通して得た利益には、等しく税金がかかります。主に**国税である法人税（地方法人税含む）、地方税である法人住民税、同じく地方税である事業税（地方法人特別税含む）があります**ので覚えておきましょう。

よく会社にすると「法人税等」などと呼ばれますが、その言葉の中にはこれら3つが含まれていると考えてください。

さて、続いては法人住民税や法人事業税の納税するための手続きを行っていきます。

法人事業税は都道府県事務所へ

法人事業税は、会社の本店所在地や支店、事務所のある地方公共団体に対し納める税金のことです。法人事業税を管理しているのは都道府県事務所というところですから、会社の本店所在地や支店、事務所を管轄しているところを探し、提出します。

都道府県事務所への提出は、**会社を設立してから2ヵ月以内**と定められています。**提出する書類は、「法人設立（設置）届出書」と、定款のコピー、登記事項証明書（履歴事項全部証明書）**になります。

法人住民税は都道府県事務所と市町村役場へ

法人住民税は、会社の本店所在地や支店、事務所のある地方公共団体に対し納める会社の住民税です。住民税は個人にもかかりますが、法人にもかかるものです。

法人住税金は2つあり、**「都道府県民税」と「市町村民税」**があります。それぞれ「都道府県民税」はさきほどの都道府県事務所、「市町村民税」は市町村役場が管理管轄しています。こちらも原則として**設立から2ヵ月以内に提出**することになっています。

法人設立届出書の書き方

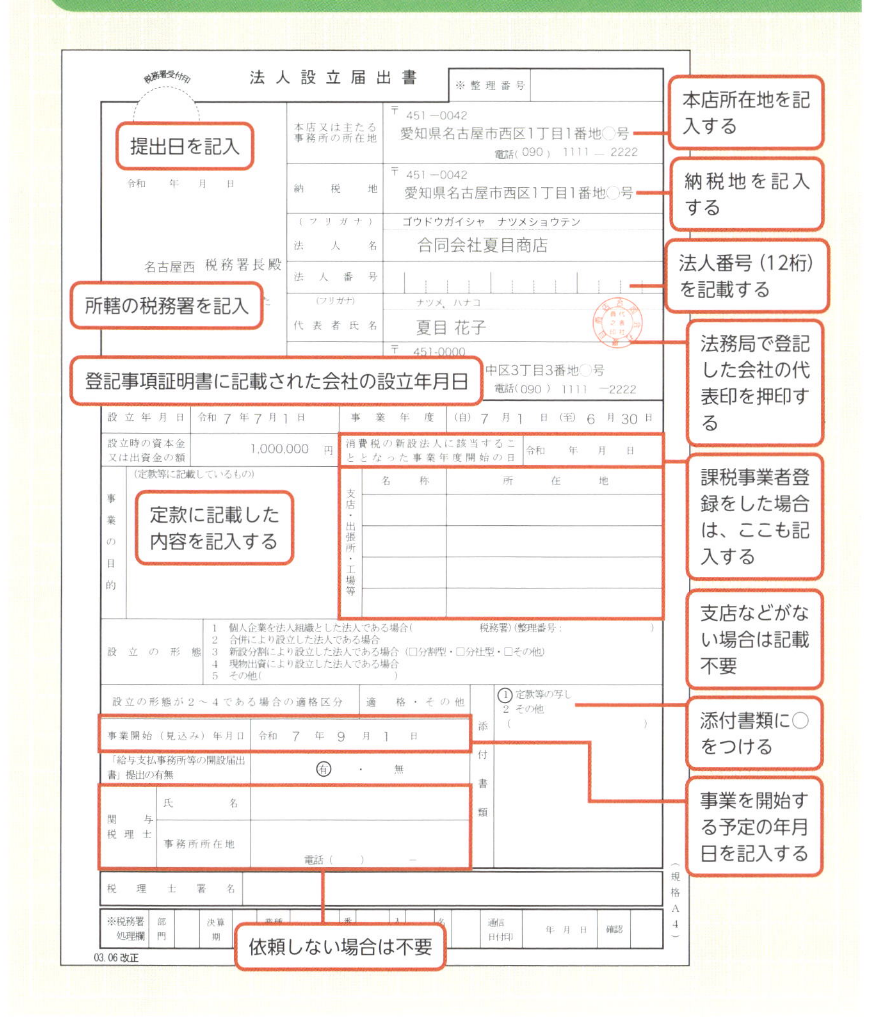
税務署受付印

法人設立届出書

※整理番号

本店又は主たる事務所の所在地	〒451－0042 愛知県名古屋市西区1丁目1番地◯号 電話（090）1111－2222
納税地	〒451－0042 愛知県名古屋市西区1丁目1番地◯号
（フリガナ）	ゴウドウガイシャ ナツメショウテン
法人名	合同会社夏目商店
法人番号	
（フリガナ）	ナツメ ハナコ
代表者氏名	夏目 花子
	〒451-0000 中区3丁目3番地◯号 電話（090）1111－2222

令和　年　月　日

名古屋西 税務署長殿

設立年月日	令和7年7月1日	事業年度	（自）7月1日（至）6月30日
設立時の資本金又は出資金の額	1,000,000円	消費税の新設法人に該当することとなった事業年度開始の日	令和　年　月　日

事業の目的（定款等に記載しているもの）

支店・出張所・工場等：名称／所在地

設立の形態
1 個人企業を法人組織とした法人である場合（　税務署）（整理番号：　）
2 合併により設立した法人である場合
3 新設分割により設立した法人である場合（□分割型・□分社型・□その他）
4 現物出資により設立した法人である場合
5 その他（　）

設立の形態が2～4である場合の適格区分	適格・その他
事業開始（見込み）年月日	令和7年9月1日
「給与支払事務所等の開設届出書」提出の有無	㊒・無
関与税理士 氏名	
関与税理士 事務所所在地	電話（　）　－
税理士署名	

添付書類：①定款等の写し　2 その他（　）

※税務署処理欄：部門／決算期／業種番号／入力／名簿／通信日付印　年月日／確認

03.06改正　（規格A4）

POINT!

税務署だけでなく、都道府県事務所や市町村役場へ提出する書類です。それぞれ、税金の管轄が異なるので覚えておきましょう。

SECTION 08

年金事務所への提出

社会保険加入の手続き・届け出をしよう

法人は設立すると社会保険に加入しなければならない

年金事務所では、社会保険といい、厚生年金保険や健康保険に関する申請を行います。法人を設立すると、原則としてすべての法人は社会保険に加入しなければなりません。社員や従業員の数などに関係なく、1人社長の会社でも加入することになっています。

年金事務所に提出するのは**「厚生年金・健康保険新規適用届」**です。この書類を提出することで、年金や健康保険の制度が使える会社と認めてもらうことができます。提出期限は特にありませんが、**法人が設立され役員報酬が支払われるようになった月から社会保険料の支払いが発生します**ので、早めに手続きを行っておくことをおすすめします。

ただし、**役員報酬が発生していない場合は社会保険には加入できませんので手続きは不要**です。

社会保険料は会社と個人で半分ずつ負担する

社会保険料は、会社と個人で1／2ずつ負担することになっています。1人社長の場合でもそれは変わりません。毎月の役員報酬から社会保険料の1／2の金額を差し引いて振り込むのです。会社は、社長の役員報酬から徴収した1／2分の社会保険料に残り半分を追加して、年金事務所に支払います。正確な金額は窓口で聞いてみましょう。

国民年金や国民健康保険の脱退手続きもしよう

個人事業主だった人は、社会保険に加入したらすぐに**国民年金や国民健康保険の脱退手続きを行いましょう。**国民年金や国民健康保険を脱退する場合は、事前に管轄の年金事務所や地町村役場に問い合わせると、必要なものを教えてくれます。

● 厚生年金・健康保険新規適用届の書き方

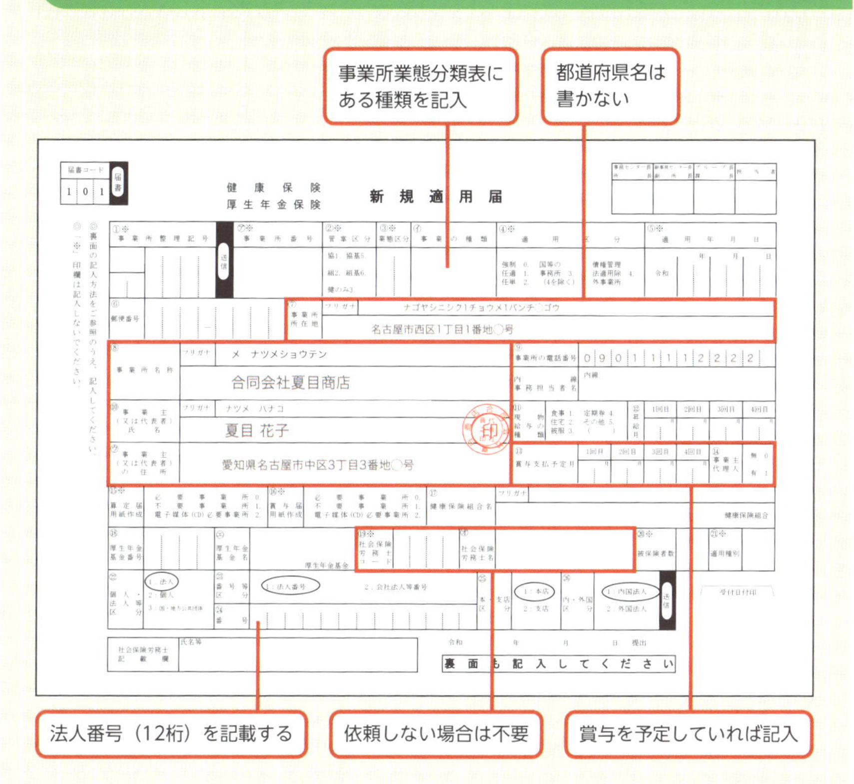

社会保険の加入手続きが終わったら

手続きが終わったら、それまで加入していた健康保険等の脱退手続きをします。使用していた健康保険証等は必ず返却しなければなりません。
持参して手続きを行ってください。

POINT!

社会保険料は、扶養家族の有無や役員報酬の金額などによって異なります。また社会保険料の支払い方法は、口座振替などが基本です。

1人でも従業員を雇ったら、必ず届け出をしよう

従業員を雇う場合に届け出なければならないもの

従業員を1人でも雇うことになったら、労働保険に加入しなければなりません。労働保険とは、労災保険（労働者災害補償保険）と雇用保険のことを指します。労災保険は、労働者が仕事中や通勤途中に怪我や事故などで負傷した場合に労働者自身や家族を保護するためのものです。対象は、常時勤務する社員だけでなくパートやアルバイトも含まれます。ちなみに労災保険は事業者が全額を負担する決まりになっています。

労働基準監督署への届出

労働基準監督署は主に労災保険に関する書類を提出することになります。提出する書類は次の3つになります。

● 保険関係成立届

事業所が保険の適用対象となる従業員を1人でも雇用し両者の間で保険関係が成立した時に提出する書類です。雇用が成立した日の翌日から起算して、10日以内に所轄の労働基準監督署に提出します。

● 適用事業報告

労災保険の適用は、会社の事業ごとに行われます。つまり、会社単位ではなく店舗や事務所、あるいは工場などの作業所単位で考えられているということです。先ほどの保険関係成立届を提出する際に、この書類も一緒に提出します。

● 労働保険概算保険申告書

保険関係成立届と適用事業報告の手続きが終わったら、概算保険料申告書の手続きを行ってください。労働保険概算保険申告書には、保険関係成立届の手続き後に発行される情報を記載する項目があるため、3つの書類は一度に手続きできず、この書類のみ最後に手続きをします。

労働保険関係の届出書類

1人でも雇うことになったら、ほぼすべてのケースで労災保険の適用事業所になります。労災保険については、事業主が保険料を全額納付するのが決まりです。

●労働保険とは、労災保険と雇用保険の2つの総称です

労働保険 ＝ 労災保険 ＋ 雇用保険

●保険関係成立届（見本）

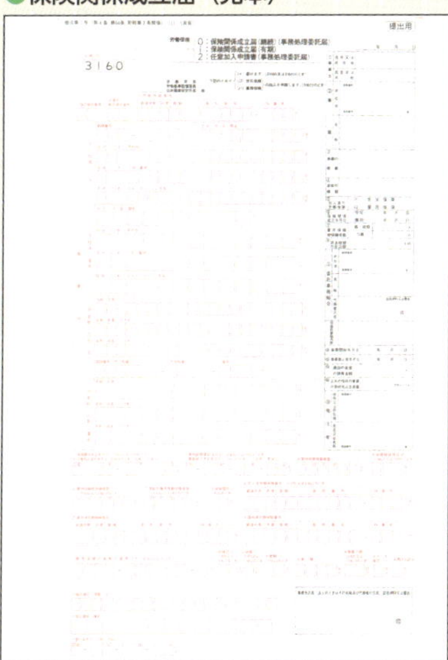

●雇用保険適用事業所設置届け（見本）

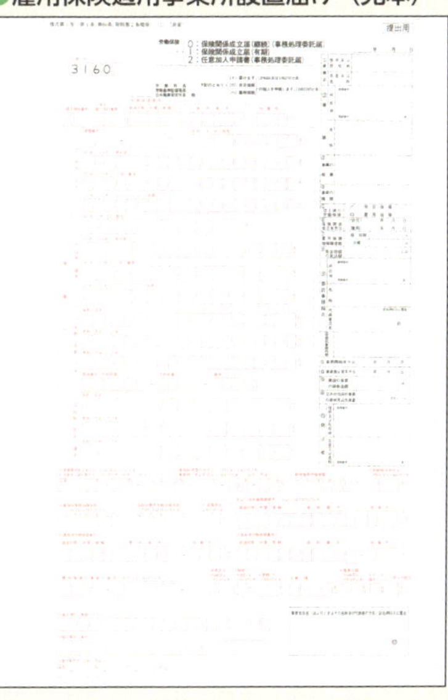

公共職業安定所（ハローワーク）への届出

雇用保険に関する書類は、公共職業安定所（ハローワーク）へ提出します。雇用保険は、労働者が失業してしまった場合に再就職までの期間、労働者を支えるための保険です。雇用保険については、原則として労働者を3日以上雇用する見込みがあり、かつ1週間あたり20時間以上労働時間がある場合に加入義務が生じます。

POINT!

労働保険関係や従業員の賃金など、雇用関係のことは社会保険労務士の専門！　労働条件などが違反していないか確認してもらうと安心です。

SECTION 10

副業で合同会社を作った場合の届出

どちらの社会保険に加入するかを決めよう

メインにする社会保険を決める

合同会社を設立する人の中には、他の会社に勤務しながら会社を経営するという人もいると思います。例えば、副業として合同会社を設立するという人であれば、もとの勤務先でも社会保険に加入していることになります。その場合は、どちらの社会保険をメインになるかを決めなくてはなりません。

勤務先の社会保険をメインにする場合は、**「被保険者所属選択・二以上事業所勤務届」**という書類を提出します。

会社には絶対に報告すべき？

たまに、会社に伝えずに内緒で副業をしたいという人もいます。合同会社を設立する場合も、同じように会社に黙っておきたいと考えている人もいるかもしれません。しかし残念ながら合同会社を設立する以上、会社に黙っておくのは難しいです。

そもそも合同会社の社員として登記されてしまいますし、税務署にも届出を行っています。自分が会社に伝えなくてもいずれは発覚することなのです。

ですから会社に黙って設立しようとは考えるのはやめ、会社の許可を得てから設立しましょう。そして設立できたら、社会保険の加入方法を検討し会社に報告してください。

所得税や年末調整などでも会社側は社員の収入状況を把握する必要がありますので、黙っていてなんとかなるようなものではありません。

被保険者所属選択・二以上事業所勤務届の提出先

被保険者所属選択・二以上事業所勤務届は、事実の発生から10日以内に被保険者が選択する事業所の所在地を管轄する、事務センターか年金事務所へ提出します。

● 被保険者所属選択・二以上事業所勤務届の書き方

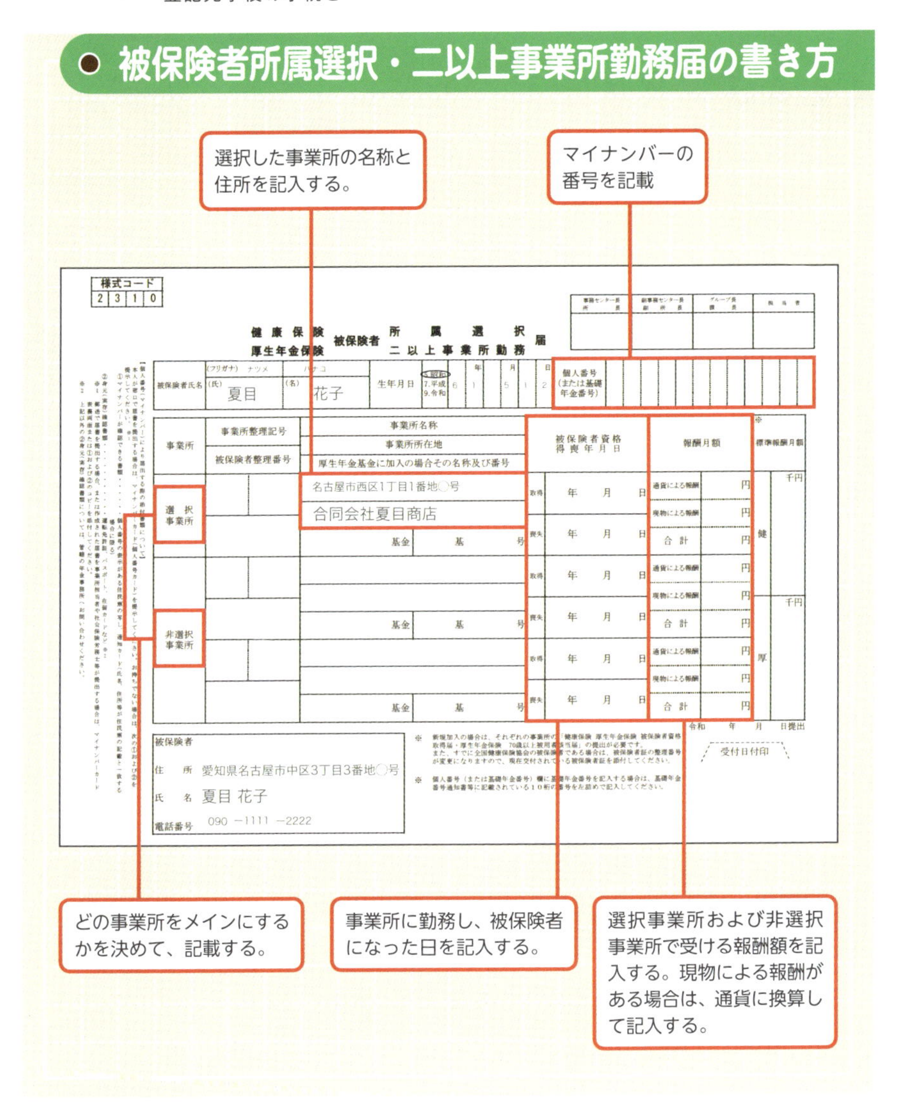
選択した事業所の名称と住所を記入する。
マイナンバーの番号を記載
どの事業所をメインにするかを決めて、記載する。
事業所に勤務し、被保険者になった日を記入する。
選択事業所および非選択事業所で受ける報酬額を記入する。現物による報酬がある場合は、通貨に換算して記入する。

様式コード 2310

健康保険 厚生年金保険 被保険者 所属選択 二以上事業所勤務 届

事務センター長 所長 ／ 副事務センター長 副所長 ／ グループ長 課長 ／ 担当者

被保険者氏名	(フリガナ) ナツメ (氏) 夏目	ハナコ (名) 花子	生年月日	5.昭和 7.平成 9.令和	6 1 年	5 月	1 2 日	個人番号(または基礎年金番号)	

事業所	事業所整理記号 / 被保険者整理番号	事業所名称 / 事業所所在地 / 厚生年金基金に加入の場合その名称及び番号	被保険者資格 得喪年月日	報酬月額	標準報酬月額
選択事業所		名古屋市西区1丁目1番地○号 合同会社夏目商店 基金 基 号	取得 年 月 日 喪失 年 月 日	通貨による報酬 円 現物による報酬 円 合計 円	健 千円
		基金 基 号	取得 年 月 日 喪失 年 月 日	通貨による報酬 円 現物による報酬 円 合計 円	千円
非選択事業所		基金 基 号	取得 年 月 日 喪失 年 月 日	通貨による報酬 円 現物による報酬 円 合計 円	厚

令和 年 月 日提出

被保険者
住所 愛知県名古屋市中区3丁目3番地○号
氏名 夏目 花子
電話番号 090 −1111 −2222

※ 新規加入の場合は、それぞれの事業所の「健康保険 厚生年金保険 被保険者資格取得届・厚生年金保険 70歳以上被用者該当届」の提出が必要です。
また、すでに全国健康保険協会の被保険者である場合は、被保険者証の整理番号が変更になりますので、現在交付されている被保険者証を添付してください。

※ 個人番号（または基礎年金番号）欄に基礎年金番号を記入する場合は、基礎年金番号通知書等に記載されている10桁の番号を左詰めで記入してください。

受付日付印

POINT!

副業で合同会社を設立する人は、どの事業所をメインにするかを決める必要があります。決定した後はその旨を会社に申し出なければなりません。

危

SECTION 11

4つの許認可の種類を把握しておこう

許認可の申請が必要な場合

許認可の種類

事業の内容によっては定款に記載するだけでは事業が行えないものがあり、通常の設立に関する届出のほかに手続きが必要な場合があります。**許認可が必要にも関わらず正式な手続きを行っていないと、刑事罰や営業停止処分が行われるおそれもあります。**

許認可には4つの種類があり、それぞれ意味が異なりますので把握しておきましょう。

● **「許可」**

許可は、営業に際して厳しい審査が必要な事業を始める場合に必要になります。例えば建設業や飲食業などの業種は、管轄機関からの審査を受け、合格しなければ事業を始めることができません。

● **「登録」**

登録とは、定められた要件を満たさないと事業を始められない業種の場合に行う手続きです。例えば旅行業や貸金業などが該当します。

● **「届出」**

届出は、官庁に届出を行うことで事業を開始できる業種を始める際に行う手続きです。届出は4つの中で最も簡単で、原則審査はありません。例えばクリーニング店や美容室を開業する場合が該当します。

● **「認可」**

認可は、事業を営むのに行政の同意が必要になる業種を始める場合に必要になる手続きです。例えば、学校法人や社会福祉法人などは行政からの認可が必要です。

2章の会社の事業の目的を決めるところでは、すでに許認可について触れていますが、将来的に新規事業を立ち上げる際に許認可が必要になることもありますから、忘れないようにしてください。

● 許認可が必要になる事業一覧

	許可	認定	届出	登録	備考
理容・美容業			○		保※1 都道府県※2
クリーニング業			○		保※1 都道府県
公衆浴場	○				保※1 都道府県
旅館業	○				保※1 都道府県
食品関係の営業	○				保※1 都道府県
医療機器の販売・賃貸	○		○		許可または届出（医療機器の種類による）保※1
毒物・劇物の販売業				○	保※1
薬局	○				都道府県
医療品販売業（薬局以外）	○				保※1 都道府県
高圧ガスの販売			○		都道府県
LPガスの販売				○	都道府県
LPガスの保安業務		○			都道府県
火薬類、花火（煙火）などの販売・使用	○		○		都道府県
農薬の販売			○		都道府県
肥料の製造・販売			○（販売）	○（製造）	都道府県 農水事務所※3
飼料の製造・販売			○		都道府県 農水事務所
動物用医薬品の販売	○				都道府県
家畜商					要 家畜商免許証取得 都道府県
廃棄物処理業	○				市町村※4 都道府県
貸金業				○	都道府県 財務事務所※5
倉庫業				○	運輸事務所※6
自動車運送業	○				運輸事務所
自動車分解整備事業		○（要確認）			運輸事務所
労働者派遣事業	○		○		労働事務所※8
電気工事業				○	都道府県 経産事務所※9
旅行業				○	都道府県 国交事務所※10
自動車駐車場を開設			○		市町村

独立行政法人中小企業基盤整備機構ホームページより作成

POINT!

許認可がなければ営業できない事業もあります。開業時だけでなく、新規事業を立ち上げる際も許認可の確認は忘れがちなので注意！

SECTION 12

取得しておきたいGビズID

GビズIDがないと申請できない補助金もある！

GビズIDとは

近年、行政の申請手続きや書類はどんどん電子化が進んでいます。GビズIDは、法人・個人事業主向けの共通認証サービスです。GビズIDは、ひとつのID・パスワードでさまざまな行政サービスにログインでき、オンライン上で補助金申請や社会保険などの手続きができます。

GビズIDで何ができる？

GビズIDは、法人番号とは異なるものですから、各会社が自分で申請しなければなりません。 手続きが面倒に思うかもしれませんが、ものづくり補助金やIT導入補助金などの申請は**このIDがないと申請できない補助金です。** ほかにも、GビズIDがあれば経営力向上計画や事業継続力強化計画などの認定申請、社会保険の手続き、飲食店の営業許可申請などが、インターネットからできるようになります。

GビズIDの取得方法

GビズIDの取得方法は次のとおりです。

①GビズIDアプリをスマートフォンにインストールする
②パソコンのGビズIDにて必要事項を入力する
③パソコンの画面に表示されたQRコードをGビズIDアプリで読み取る
④GビズIDアプリでマイナンバーカードを読み取り、申請内容に署名する
⑤パソコンで申請内容を確認して申請する
⑥GビズIDのパスワード設定する
⑦gBizIDプライムアカウントとして利用できるようになる

● GビズIDがあるとどうなる？

これまでは手続きの種類ごとに、必要な情報を提供しなければならず、手続き面倒になっていましたが、GビズIDがあれば、申請や届出がスムーズになります。

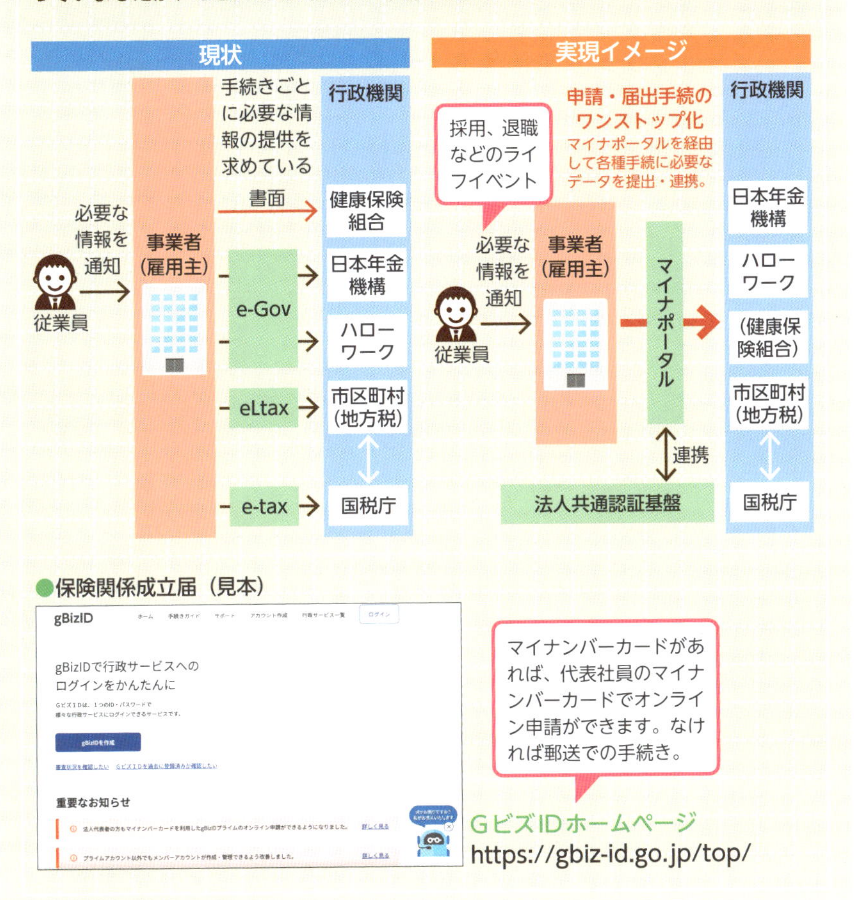

POINT!

このIDがなければ申請できない補助金もあります。申請には時間がかかるので、設立したらすぐに取得しておくのがおすすめ。手数料は不要です。

SECTION 13

法人カードは早めに作る

クレジットカードは銀行口座が開設されたらすぐ作ろう

支払いはカード払い一択がおすすめ

法人を設立し銀行口座が開設できたら、早めに作っておきたいのが**法人名義のクレジットカード**です。法人になるとさまざまな支払いが生じますが、すべての取引を日々管理するのは面倒です。また、現金払いやカード払い、通帳からの引き落としが混在すると経理負担が大きくなります。大きな会社であれば経理だけを行う人がいますが、1人会社や数人規模の小さな会社だと経理の専任を雇うのは難しいこともあるでしょう。

そのため、できる限り支払い方法を限定して管理をしやすくするのです。クレジットカード払いにしておけば、さまざまな会計ソフトと連携させることもできます。法人カードを使用すると自動的に会計ソフトに反映されるので大変便利ですし、収支状況も把握しやすくなります。

また、法人カードで支払った金額に応じてポイントが付与されるカードもあります。**法人カードは、経費の支払いだけでなく法人税なども支払うことができます。**事業で使うカードなのでポイントが貯まりやすいことを考えてもお得だと思います。

法人カードを選ぶポイントは？

法人カードを選ぶ際に一番着目したいのは、1か月あたりの利用限度額です。特に、多額の経費が発生し、入金より出金の方が多いことが予想される場合には、利用限度額が高めの法人カードを検討するようにしてください。

ちなみに法人カードの審査は、法人の信用情報と代表者の個人信用情報を審査することが一般的です。設立したばかりで審査に通過するか不安な場合は、銀行口座を開設した金融機関が発行しているカードだと比較的審査に通りやすくなります。

● 法人カードを作成しよう

法人カードと個人カードの違い

	法人カード	個人カード
審査内容	財務の健全性や事業の安定性	個人の信用情報や年収、勤務先
限度額	財務状況や営業成績をもとに設定	個人の経済状況や信用情報で設定
付帯サービス	ビジネスに役立つサービスがついている	ビジネスに役立つサービスはなし
引き落とし	法人口座からの引き落とし	個人口座からの引き落とし
カードの発行	社員用のカードを発行可能	家族カードを発行可能

法人カードの利用シーン

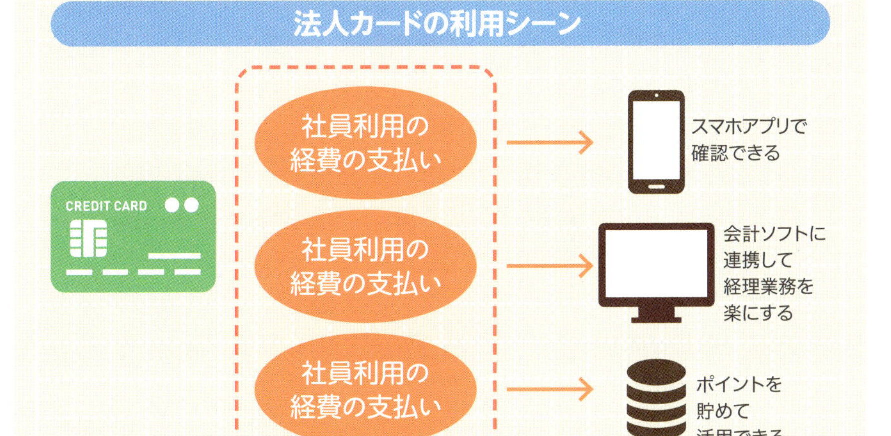
CREDIT CARD
社員利用の経費の支払い
スマホアプリで確認できる
社員利用の経費の支払い
会計ソフトに連携して経理業務を楽にする
社員利用の経費の支払い
ポイントを貯めて活用できる

POINT!

会社で必要な支払いは、基本的にキャッシュレスにすれば、管理が楽になります。法人カードの発行には時間がかかるので、早めの申請がおすすめ。

危

知っておきたい「契約書」のこと

会社を設立したら、運営上さまざまな会社や人と取引が発生することになるだろうと思います。完全に自分だけでビジネスを完結させるのは、なかなか難しいはずです。

取引先ができたら必ず行なっておきたいことのひとつが契約です。契約書がないと、思わぬトラブルが発生した際に泣き寝入りすることにもなりかねません。面倒に感じるかもしれませんが、小さな取引でも必ず契約を交わすクセをつけるようにするのがオススメです。

契約書の種類にはいろいろありますが、ここでは業務を社外に発注する際に交わす契約書について触れておきます。業務を外注する際の契約書は主に3つ「請負契約」「委任契約」「準委任契約」です。「請負契約」は、業務によって得られる成果物に対して、報酬が支払われる契約です。受任者には、成果物の引渡しと同時に報酬を請求する権利が発生しますが、成果物に欠陥やトラブルがあった場合は、補修や損害賠償の義務などが発生します。「委任契約」は、法律的な行為を委託する際の契約を指しますので、弁護士や税理士、行政書士など士業への依頼や、不動産業者への土地売却依頼などが該当します。

「準委任契約」は、委任契約とは異なり、法律的行為ではない業務を委託する場合の契約です。IT業務やコンサルティング業務の外注の際には、この契約が用いられます。

契約書を作成する際や締結する際は、必ず専門家にチェックを依頼して、不利にならないような契約を行いましょう。顧問弁護士をつけなくても、単発で見てくれるケースもあります。

CHAPTER

06

合同会社の運営

株式会社さん
お伝えしたい
ことが
あります
ぼくは
あなたと
一緒に……
どきどき

あなたの
会社と一緒の
法人に……
なりました！
今後とも
どうぞ
よろしくお願い
いたします
合同会社デザケン
チューケン
どうか
受け取って
ください……

いよいよ
会社運営の
スタートです
まずは会社を
設立したことを
取引先に
連絡しましょう
……もち
知って
るんだけど
てか私が
頼んだ話だと
思うんだけど

法人の世界へようこそ
君はもう立派なSHINEだね！

法人化したことで無事、税負担のリスクを小さくできたはずよね
個人事業主（所得税）
税額
所得があるほどたくさん払う
法人（法人税）
税額
所得に関わらず一定で払う
一定税率である法人税への移行、そして経費にできる範囲の拡大！
しかも短い期間と少ない費用で移行できました
合同会社だったからこそです！
キィー
もしや株式会社と比べて言ってる⁉

とはいえ
チューケンは
1人社員
会社なんてものを
1人で運営って
……無理があると
思うのよね
だとしても
きっちり運営する
意志がなければ
前よりも収益は
落ちてしまう
かもしれないよ
だから
こそ……

もう無理！
……と
思う前に
専門家などに
相談しよう
法人だからこそ
得られる助けが
社会には
たくさん
あるんだから！
融資
助成金
専門知識
金融機関
国
税理士
など
法人のことは
強力に
助けますよ！

会社の設立も、運営も
むリスな!!
※少し偏ったイメージです
チューケンはこれからも無理のない運営を心に誓った
すなわちリスクの根本が消え去ったのだ——たぶん!
ぼくの大きさも戻ったぞお
きゅん きゅん
危
やっと巣穴に入って眠れるよ
がんばってね合同会社!
どこでも寝てたよ
きっちり運営して信頼に応えよう!
完

SECTION 01

取引先への通知

取引先へ会社を設立したことを伝えよう

設立後もスムーズな取引ができるようにする

特に個人事業からの法人化する場合、これまでの取引先に会社を設立した旨を報告し挨拶をしておきましょう。取引先に通知する際は、メールで丁寧に伝えることもできますが、手紙や葉書などで伝える人もいます。会社設立の挨拶をするだけではなく、どのような事業を行う予定なのかお知らせすると同時に、これまでの感謝の気持ちをお伝えし、今後も変わらないお付き合いをお願いしましょう。

取引先にとっても、それまでの取引相手が法人化することで振り込み手続きを変更したり書類を変更したりする必要があるケースもあります。例えばインボイスに関する情報は、取引先も把握しておきたい事項ですから、**設立と同時に課税事業者登録及び適格請求書発行事業者の登録を済ませた場合は、その旨も伝えておくといいでしょう。**

法人化が販路開拓につながることも！

法人化をきちんと伝えると、思わぬビジネスチャンスが舞い込んでくることも少なくありません。個人事業の時よりも信用力が増すので、取引先から新しい仕事を紹介してもらえることもあります。会社によっては、法人としか取引をしないと決めているところもありますから、法人化したことをきっかけに声をかけてくれる人もいるかもしれません。また、法人化を理由にサービスの価格を見直すこともしやすくなります。

挨拶状を書くときに気をつけること

本書では、会社を設立した後でもいいとしていますが、なるべく早めに連絡するようにという人もいます。設立前に準備しておくといいでしょう。

● 取引先へ送付する挨拶状の例

取引先への挨拶状の送付は会社設立後でもいいですが、なるべく早め（2週間前など）に到着するようにという人もいます。どのような取引先が多いかにもよるため一概には言えませんが、契約締結のやり直しなどが生じる場合は特に前もって伝えておくべきでしょう。

株式会社●●　御中
代表取締役　○○　○○様
謹啓　○○の候　ますますご清栄のこととお慶び申し上げます
日頃より格別のお引立てを賜り厚く御礼申し上げます
さて　長らく（又は創業以来）個人商店（又は個人事業所）「△△△○○○」として皆様にご愛顧いただいておりましたが　このたび令和○年○月○日をもって「合同会社○○○」を設立する運びとなりました
これもひとえに皆様方のひとかたならぬご懇情の賜物と感謝いたしております
今後とも何卒倍旧のご支援お引立てを賜りますようお願い申し上げます
まずは略儀ながら書中をもってご挨拶申し上げます
謹　白

令和○年○月吉日

〒470-0000
愛知県名古屋市西区○○番地
合同会社　夏目商店
代表社員　○○　○○○

挨拶状では会社名、住所、電話番号などの記載にとどめておき、メールアドレスについては、別途新アドレスから送るとよいでしょう。

POINT!

会社設立を伝えると、取引先からお祝いが届く場合があります。その際は、なるべく早くお礼のメールや電話を入れるようにしましょう。

合同会社の役員報酬の扱いを知っておこう

合同会社の役員報酬

役員報酬はいつから支払い始めればいいか？

会社を設立した直後の会社の口座には、資本金のみが入金されている状態ですから、特に取引先からの入金が発生していなければ役員報酬はそこから支払うことになります。では役員報酬はどのタイミングから支払えばいいでしょうか。

役員報酬は会社設立後3ヵ月以内に決めなければならないとされていますから、設立後の2ヵ月は支払わず3ヵ月目から支払うこともできます。ただし、それ以上の期間支払わないとなると、役員報酬が損金扱いになりませんので、3ヵ月以内に支払うようにしてください。

役員報酬を変更したいとき

1章のP50では、合同会社を設立すると役員報酬は定款で定められた金額を支払うことになり、最低1年は変更できないとお伝えしました。もしも役員報酬額を変更したい場合は、変更したい事業年度の開始日から3ヵ月以内に決め、定款の記載内容を変更しなければなりません。ただし、役員報酬があまりに高額すぎると経営を圧迫しかねませんので、そのあたりもよく考えて設定してください。

役員報酬の払い方

役員報酬は、必ず**毎月同じ金額を支払うのが原則**なので、正式な手続きを行わず勝手に増減して振り込んだりすると、会社の経費（損金）として認めてもらえなくなるので気をつけてください。

また**個人の役員報酬には原則として源泉徴収が行われます。**例えば社員の役員報酬として毎月30万円を支払うと決めた場合、実際に社員の口座に振り込む際は源泉徴収額を差し引いてから振り込まなければなりません。

役員報酬はどのタイミングで支払う？

役員報酬は、3ヵ月以内に金額を決め支払いを開始しなければなりません。設立から2ヵ月目までは支払わなくても構いませんが、それ以降は支払わないと損金として認められません。

●役員報酬は3ヵ月以内に支払うこと！

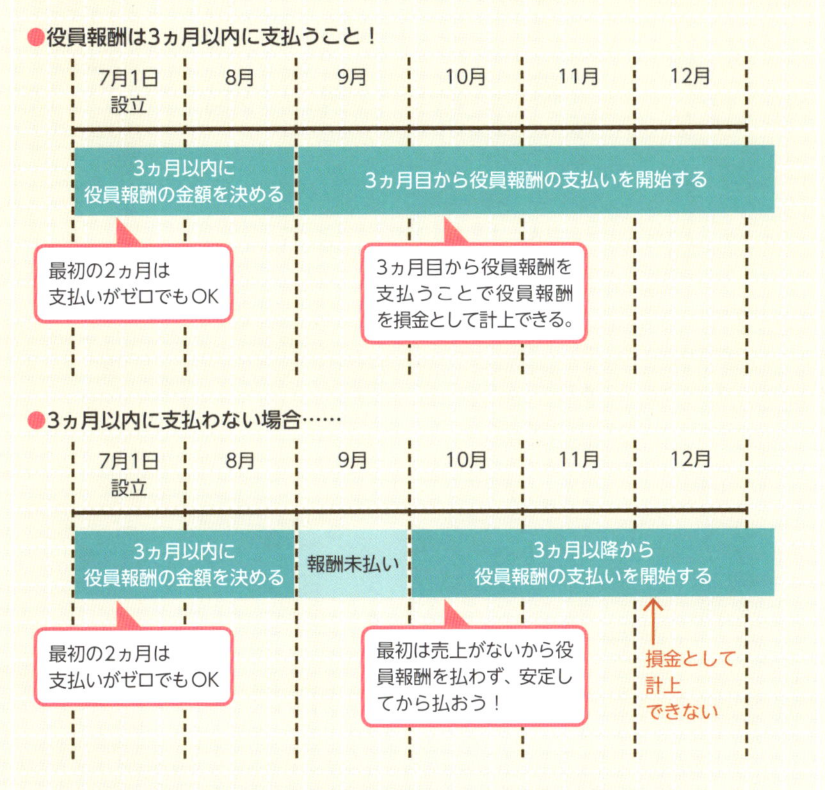

法人が社員になっている場合は、役員報酬の支払い時の源泉徴収は不要です。

POINT!

役員報酬の支払いタイミングは決められていますので注意。また、役員報酬を高くしすぎると経営を圧迫するのでその点にも注意しておきましょう。

SECTION 03

合同会社の設立費用の計上

設立にかかった費用はいつ戻ってくる？

設立費用はいつ経費にしても大丈夫

設立前後にかかった費用は「創立費」と「開業費」の2つにわけられます。これらの費用は、いつどのタイミングで経費計上すればいいでしょうか。結論から言うと、特に決まりはなく、設立後のどの事業年度で経費にしてもいいことになっています。

例えば、設立した年の事業年度の決算次第で決めるのも方法のひとつです。赤字になっている場合ならいったん繰越資産として扱い、黒字であれば経費として計上することもできます。

会社設立前にかかった「創立費」

創立費は、会社を設立する前にかかった費用のことを指します。具体的には、発起人の報酬、定款作成費用、登録免許税、士業に支払った報酬、法人設立のための会議費用、設立のために必要になった交通費、印紙代等です。

営業開始までにかかった「開業費」

開業費は、会社設立登記が完了してから実際に営業を開始するまでにかかった費用のことです。開業費とされるものは、次のような費用になります。

- **案内状等宣伝費**
- **研修費用**
- **市場調査費用**
- **印鑑名刺作成費用　等**

なお、設立登記した日から営業開始までの間に借りていた事務所家賃や水道光熱費については、開業の時だけの費用ではないため必要とされませんので開業費や創立費の扱いにはなりません。

合同会社の設立費用の費用とは？

会社の設立のためにかかった費用は「創立費」と「開業費」の2つにわけられます。これらをどのタイミングで経費として計上するかは決められていないので、好きなタイミングで計上できます。

設立費用はいつからいつの費用のこと？

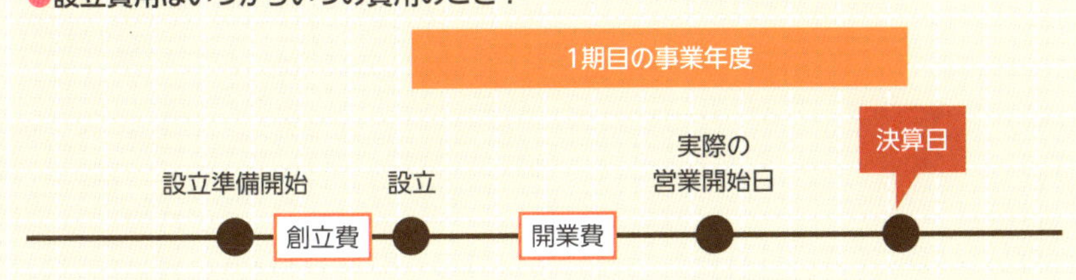

創立費＆開業費は繰越資産にするのがおすすめ

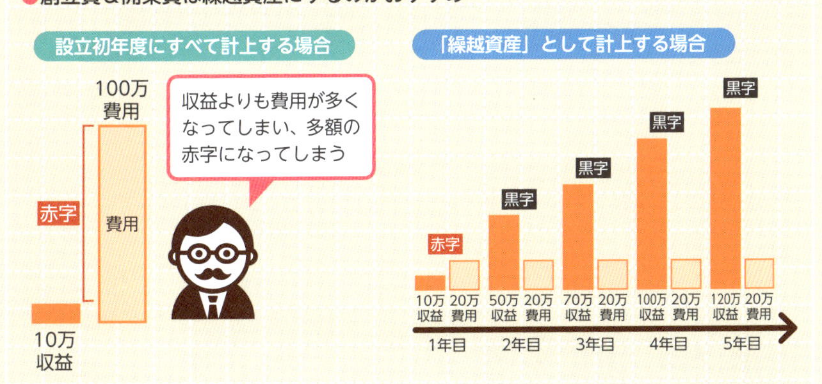

設立した年に「繰越資産」として計上し、費用を複数年で分割して計上することができる。費用を分散させて計上できるので、収支のバランスがとりやすい。

POINT!

設立にかかった費用は必ず領収書をもらって保管しておきましょう。どのタイミングで経費にするかは自由に決められます。

SECTION 04

税金についてこれだけは知っておこう

法人が支払う12の税金とは？

法人になると節税できるというメリットばかりが注目されますが、決して税金を支払わなくてもよくなるわけではありません。確かに法人化することで税制上のメリットがある点もありますが、法人として課せられる税金は個人事業よりも種類が多いことを知っておきましょう。その数はなんと12種類。会社の規模や事業形態、保有資産などによって変わりますが、代表的な税金として左の図のようなものが挙げられます。

法人税とは？

法人税は国税の一つで、税務署が管轄しています。これは、会社の所得に対して課せられる税金ですから、**法人の課税対象所得の金額に応じて納税額が変わります。**課税対象所得は、会社の年間売上高から経費や控除等を差し引いた金額になります。また、**法人税の税率は15%と23.2%の2種類があり、課税所得が800万円以下の場合は15%が適用され、800万円以上だと23.2%が適用されます。**

法人事業税と法人住民税の計算方法

法人事業税と法人住民税は、会社の本店所在地を管轄している地方公共団体へ納める税金です。この2つの課税方法は、**均等割**と**法人税割**という課税方法がとられます。均等割は資本金額によって納税額が決まり、法人税割は法人税の金額によって納税額が変わります。ただし法人住民税は地域によって税率等が異なりますので、詳しくは管轄の地方公共団体へ問い合わせてみてください。

また、税金には納付期日がありますので、必ず期日までに納税するようにしてください。

● 法人が支払う税金12種類

法人になると、会社よりも支払う税金が増える。申告漏れなどにはペナルティが加算されるので注意！

●法人が支払う税金一覧

税金の種類	納付期限		
	事業終了日から2ヵ月以内	毎月または半年ごと	その都度
法人税	●		
法人住民税	●		
地方法人税	●		
法人事業税	●		
特別法人事業税	●		
消費税	●		
源泉所得税		●	
住民税（特別徴収）		●	
印紙税			●
登録免許税			●
固定資産税			●
自動車税			●

●主な法人税とその税率

税金の種類	内容	税率	納付先
法人税	法人の所得に対し課税される	所得の800万円以下に15% 所得の800万円超に23.2%	国
法人住民税	法人税額で決まる法人税割と均等割がある	【法人税割】 法人税額に税率1.0%（都道府県税） 法人税額に税率9.7～12.1%%（市町村税） 【均等割】 資本金1000万円超1億円以下、従業員50以下 5万円（都道府県税）13～15.6万円（市町村税） 資本金1000万以下、従業員50以下2万円（都道府県税） 5～6万円（市町村税）	地方自治体
法人事業税	法人の所得に対し課税される	所得の400万円以下に3.5% 所得の400万円以上800万円以下に5.3% 所得の800万円超に7.0%	地方自治体
消費税	事業取引の中で消費者から預かった税を納める	1000万円以上の所得がある事業者は課税	国

POINT!

法人になると、負担する税金の種類も増えますが正しく申告しないと重いペナルティが課せられます！　注意してください。

SECTION 05

電子帳簿保存法への対応は義務化されている

国税関係の帳簿や書類は電子データで保存する

2022年1月1日から**改正電子帳簿保存法**が施行され、**電子データで授受した取引に関するデータの保存が義務化**されました。要するに、電子データとして受け取った請求書などは、それをプリントアウトして保存するのではなく電子データのまま保存しておかなければならないということです。

これは、昨今デジタル化に対応するための施策の一つともいえますが、電子データでの保存が認められることによって保管コストやスペースを削減できるだけでなく、業務効率化にもつながっています。現在は、請求書等のみが対象となっていますが、今後はさらに対象となる書類が増える見込みです。

電子帳簿保存法に対応しないとどうなる？

電子帳簿保存法で定められた保存要件を満たしていない場合は、罰則が科せられる可能性があります。では、具体的にどのような罰則があるでしょうか。

● 追徴課税が課せられる

例えば、スキャナ保存された電子データで悪質な不正の事実が見つかると、それによって生じた申告漏れなどに対し**重加算税10％が加重される**ことになります。ちなみに重加算税とは、税務調査を受けた際に、意図的に申告内容を仮装したり、事実を隠ぺいをしたりしたと客観的に判断されるなど、脱税の事実があった場合に課されるペナルティのことをいいます。

● 青色申告の承認取り消し

青色申告の承認が取り消しになることもあります。青色申告の取り消しは、税務調査の場合に帳簿書類の提出を求めたにもかかわらず、拒否した場合などに行われます。

電子帳簿保存法の該当書類は？

2022年1月から改正電子帳簿保存法が施行され、電子データで授受した取引に関するデータの保存が義務化されています。電子帳簿保存法に該当する書類は、次のようなものがあります。

電子帳簿保存法に該当する書類

国税関係帳簿	国税関係書類			電子取引
	決算関係書類	取引関係書類		電子メール・EDIクラウドサービスなどによる授受
		自己が作成した書類の写しなど	相手から受領した書類など	
・仕訳帳 ・売掛帳 ・買掛帳 ・総勘定元帳 ・現金出納帳 ・固定資産台帳 など	・試算表 ・棚卸表 ・貸借対照表 ・損益計算書 など	・請求書（控） ・領収書（控） ・納品書（控） ・注文書（控） ・見積書（控） など	・請求書 ・領収書 ・納品書 ・注文書 ・見積書 など	・請求書 ・領収書 ・納品書 ・注文書 ・見積書 など

↓

電子帳簿等保存（電子データ保存）
会計システムや文書管理システムなどで作成した帳簿書類を電子のまま保存

スキャナ保存
紙で作成・受領した書類をスキャンし、画像データで保存

電子データ保存
電子的に拝受した取引データを電子のまま保存

電子帳簿保存法に違反したときの罰則

青色申告の取り消し
取引の事実がきちんと確認できるなら直ちに罰則は科されない

重加算税の課税
通常の追徴課税35％に10％が加重される

会社法による過料
100万円以下の過料が科される

POINT!

電子帳簿保存法はすべての事業者が対象です。設立したら、対応できるようにしましょう。

電子帳簿保存法対応として具体的に何をする？

要件を満たし電子データを保存する

電子帳簿保存法に対応していると証明するには、決められたルールに則った保存方法でデータを管理、保存しておく必要があります。

電子帳簿保存法上、データの保存方法としては４つの要件を満たさなければならないとされています。その４つとは、**「システム概要に関する書類の備え付け」「真実性の確保」「検索機能の確保」「見読可能装置の備え付け」**です。このうち「システム概要に関する書類の備え付け」「見読可能装置の備え付け」電子データを確認する上で当たり前のことですから、すでに満たしているかと思います。ですから、「真実性の確保」「検索機能の確保」の２つのをどう満たすか考えればいいでしょう。

「真実性の確保」と「検索機能の確保」とは？

● 真実性の確保

真実性の確保と言われるのは、**保存した電子データが正しいものであるかを証明すること**です。簡単にいうと、不正に改ざんされることのないように、電子データの記録を保存しておかなければいけないということです。真実性の確保を満たすための対応方法としては、**電子データにタイムスタンプを付与するという方法があります。**このタイムスタンプとは、付与された時刻にデータが存在したことや、付与された時刻以降にデータが改ざんされていないことを証明するものです。

● 検索機能の確保

検索機能の確保は、**電子データを「取引年月日」「取引金額」「取引先」で検索できる状態にすること**です。例えば、受け取った請求書をそのまま保存しておくのではなく、「取引年月日」「取引金額」「取引先」でファイルを検索した時に、わかるような状態にしておくということです。

タイムスタンプとは？

●電子署名だけでは、不十分！

電子署名だけでは、「誰が」「何を」までは証明することができても、時刻（「いつ」）を証明することができません。ですから、電子署名とタイムスタンプを組み合わせることで、改ざんされないことを証明しなければなりません。

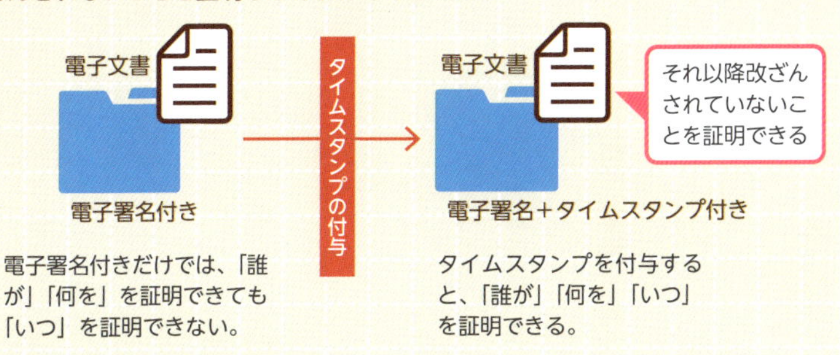

●タイムスタンプの仕組み

タイムスタンプは、電子データに対して正確な時刻を刻むものです。タイムスタンプを付与することで、改ざんされていないことが証明されます。

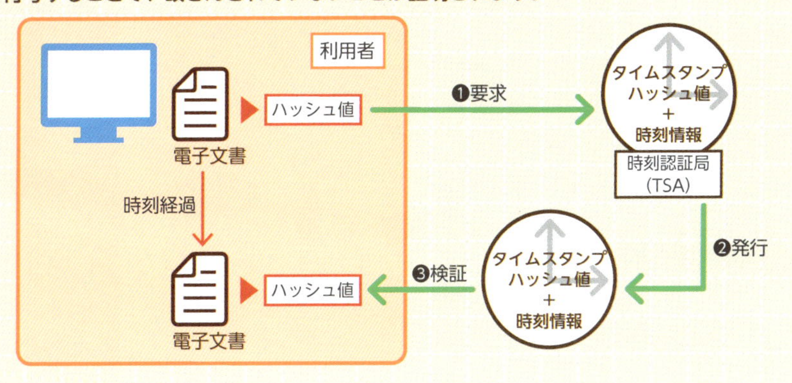

POINT!

タイムスタンプが付与できるのは、一般社団法人日本データ通信協会から時刻認証業務を行う業者として認定を受けた機関のみです。

設立後、毎日すること

日々のお金をしっかり把握しよう

会社経営で大切な経理とは？

会社経営をする上で最も大切なことは、お金をしっかり把握し管理していくことです。そもそも会社は営利目的で設立されていますから、健全な経営をしつつ、しっかり利益を出していかなければ成長できません。

そのためにも日頃からの積み重ねが大切ですから、日々の経理業務を大切にしなければなりません。ちなみに経理業務とは、会社のお金の流れを数値化し管理する業務のことです。経理業務には毎日、毎月、毎年という3つに分けられており、それぞれ**日次業務、月次業務、年次業務**といわれます。

日次業務とは？

特に日々行わなければならない経理業務は、たまってしまうと後から処理が大変になってしまいます。ですから、集計の基本となる主に現預金の管理や入出金明細を確認、伝票入力など日々の経理業務をしっかりと行いましょう。

日次の経理事務は、事業内容によって異なりますが、一般的には入金、出金の管理や簿記に基づく帳簿の記帳などが中心となります。

会社の経理は自分ですべき？

会社の経理業務は自分でもできますが、会社の取引数は膨大ですし、決算ともなればやることが多く一人でこなすのは大変です。そもそも経理業務が経営者の本業ではないはずですから、可能な限り効率化を考えたいものです。少しでも負担を軽くする方法として、おすすめなのは会計ソフトの導入です。仮に税理士と顧問契約する場合でも、最近では、税理士も会計ソフトの導入を推奨するケースが多いです。

経理における日次業務とは？

毎日の経理業務は些細なことかもしれませんが、1年を通して考えると法人の取引件数は膨大な量になります。決算時に慌てないように、日々の経理業務をしっかり行いましょう。

会社の経理業務として含まれること

- 経費精算
- 残高確認
- 年末調整
- 賞与計算
- 帳簿への記帳
- 決算書の作成
- 請求書の作成
- 固定資産台帳の管理
- 経済活動に必要な費用の入出金

入金
300万円

日時業務	月時業務	年時業務
現預金の管理 経費の精算 帳簿 伝票の記録 売上の管理	入金確認 源泉所得税納付 給与支払い 請求書発行 社会保険料納付	年末調整 在庫確認 税金の申告と納税 決算書の作成 保険料の計算・支払い

会社のお金のやり取りを把握するための帳簿

主要簿	仕訳帳	すべての取引を発生順に記録する
	総勘定元帳	仕訳帳をもとに、勘定科目ごとに記録する
補助簿	現金出納帳	現金の出入りを発生順に記録する
	預金出納帳	銀行別・口座別にお金の出入りを記録する
	売掛金元帳	売掛金の取引を仕入れ先ごとに記録する
	買掛金元帳	買掛金の取引を仕入れ先ごとに記録する

POINT!

お金の流れを把握することは経営をする上で最も大切です。会計ソフトを活用し、カード払いを基本にすれば、業務がラクになります。

SECTION 08

経費になるもの、ならないもの

経費にできる費用が多いほど節税できる！

経費とは

ここでは、会社の経理業務の中で大切な「経費」について説明していきます。**経費は、事業に関連する支出のことを指し、収入を得る目的で使用した費用全般のこと**をいいます。経費は、会計の際に事業収益から差し引くことができるのが特徴です。経費があると、課税所得からその分を減らせるので、結果として節税につなげることができます。

ただし、支出のすべてが経費として認められるわけではありません。当然ながら、プライベートのために使った費用は経費として認められませんし、あまりに経費が多すぎると税務調査で指摘される恐れもあります。ですからまずは、経費として認められるもの、認められないものをしっかり把握しておきましょう。

経費にできるもの

経費にできるものは、原則として事業の売上をつくるためにかかった費用で、事業に関連していなければなりません。例えば、人件費や事務所家賃、交際費、水道光熱費、旅費交通費、通信費、租税公課（法人名義で支払ったもの）、外注費、消耗品費、修繕費などがあります。また、**社員に支払う役員報酬も経費**として計上することができます。

経費にできないもの

一方で経費にできないものは、事業に関係のない支出に関するものです。例えば、私生活の一環として見られるような飲食代や服飾費用、個人の趣味に関する費用などです。

● 経費になるものリスト

地代家賃	事務所や店舗の家賃、駐車場代など
接待交際費	お客様との飲食代や贈り物など なお、法人の場合は、接待交際賀として計上できる金額に上限はありますが、個人事業主の場合は、接待交際費として計上できる金額に上限はありません
損害保険料	火災保険や自動車保険などの保険料
水道光熱費	事務所の水道代、市気代、ガス代など
旅費交通費	公共交通機関（電車、バスなど）の交通費やホテルの宿泊費など
通信費	電話代、インターネット料金、切手、サーバー費用など
広告宣伝費	事業拡大のためのチラシ作成代や新聞広告費など
荷物運賃	宅配便や郵便物などを送るときの費用など
修繕費	事務所や事業用車の修理費など
新聞図書費	事業に必要な本の費用や新聞代など
減価侶却費	一括計上できない高額な固定賨産など
福利厚生費	従業員への手当や旅行費用といった福利原生にかかる費用など
給料賃金	従業員への給料など
専従者給与	家族を青色事業専従者として届け出た場合の家族への給与など
外注工賃	事業の業務を外注する場合の費用など
利子割引料	事業に必要な借入金の利息など
貸倒損失	回収できなかった売掛金や貸付金など
雑費	上記に該当しない事業に必要な費用
地代家賃	個人事業税や固定資産税など

POINT!

会社の場合は役員報酬も経費にできます。経費定額同額給与・事前確定届出給与・業績連動給与のいずれかに該当すればOKです。

設立後、毎月すること

1カ月ごとの業績の報告などを行う決算業務

毎月の決算業務

月次業務とは、1カ月単位で行う決算業務のことです。毎月の会社の売上高や、営業成績や財政状態を把握するために行われています。

例えば月次業務として挙げられるのは、売掛金の請求、買掛金の支払い、給与の支払いなどがあります。売掛金や買掛金の意味を補足しておくと、**売掛金（うりかけきん）は企業間での取引において、売り上げ代金がまだ支払われていない取引のこと**です。一方で**買掛金（かいかけきん）は、商品、サービスの提供を受けた際に、料金を後で支払うことになっている取引のこと**です。

気にしておきたいキャッシュフロー

月次業務として特に配慮しておきたいのは、キャッシュフローの問題です。**キャッシュフローとは、現金のみの流れのことを指します。入ってくる現金を「キャッシュ・イン・フロー」、出ていく現金を「キャッシュ・アウト・フロー」と呼びます。**

なぜキャッシュフローが大切かというと、黒字倒産のリスクを回避するためです。例えば、計算書の上では利益が出ており黒字経営の状態であっても、支払いや返済に充てる現金がないと倒産してしまいます。

売上予定の金額ばかりを見て安心しているだけではいけません。実際に手元にある現金の総額や支払いのタイミング、あるいは入金のタイミングを気にしていないと、売上はあるのに支払うことができない状況に陥ってしまいます。万が一のためにも銀行からの融資を受ける等の対策を練っておきましょう。

会社が扱う金額が大きくなったり、取引先や仕入れ先が増えたりすればするほど、お金の出入りが複雑になりますから、十分気をつけておく必要があります。

キャッシュフローを気にしておこう

東京商工リサーチによると、黒字倒産した企業の4～5割の企業が直前まで黒字でも倒産してしまっている。手元に十分な現金がない状態が続く場合、金融機関からの借入れを検討したほうがいい。

●黒字倒産が起こるとき

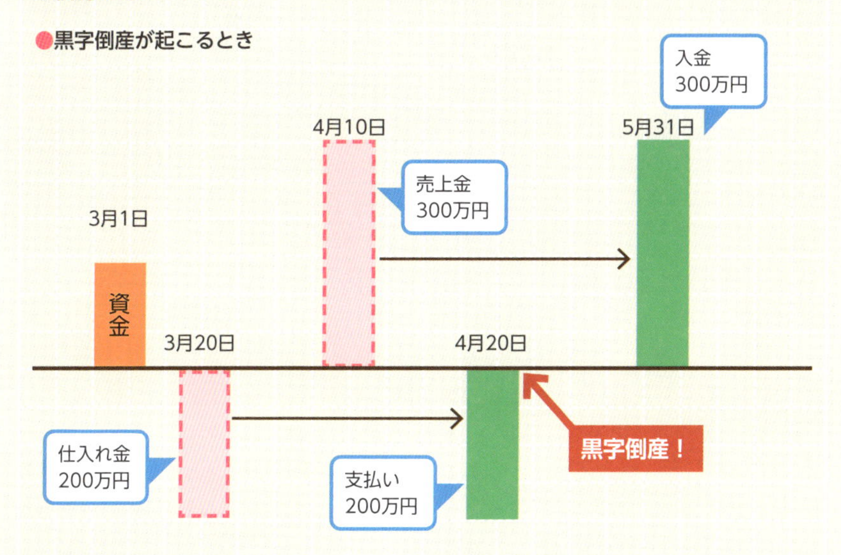

黒字倒産を防止する5つのポイント

- 入出金の状況を常に把握しておく（税理士などに任せきりにしない）
- 余裕を持ったキャッシュフロー計画を立てる
- 支払いの回収は早め、支払いを遅くする
- 過剰在庫に気を付ける
- 資金調達力を高める（できる時に融資を申請しておくとよい）

POINT!

お金の出入り（キャッシュフロー）が悪いと、売上があっても倒産することがあるので要注意です。

源泉徴収について理解しよう

法人には源泉所得税の納税者義務がある

源泉徴収とは？

会社の運営が始まると、社員や従業員への給与の支払いが発生します（合同会社における社員へは役員報酬）。その際、給与の支払い者が、その支払いのときに税金や社会保険料を天引きして預かり、納税者本人の代わりに国や地方自治体の納めることを**源泉徴収**といいます。

給与支払い時に主に天引きするのは、税金（所得税や住民税）、社会保険料などです。雇用する人がおらず、1人社長の会社であれば原則として税金と社会保険料のみの天引きで大丈夫でしょう。給与支払い時に源泉徴収として天引きした分は、毎月決められた日までに納税しなければならない決まりになっています。例えば社会保険料は、毎月口座振替等が行われますが、**源泉徴収は毎月10日までに前の月の分を納めるルール**になっています。

法人は源泉徴収不要

源泉徴収の対象者は、役員や従業員だけでなく顧問税理士や弁護士、外注のスタッフへの報酬に対しても発生します。例えば外部のライターへ仕事を依頼した際は、請求書に源泉徴収額を記載してもらい、報酬を支払った翌月の10日までに専用の振込用紙等を使って納税します。

ただし、**源泉徴収が発生するのは個人の場合のみ。相手が法人の場合は不要**です。例えば税理士法人や弁護士法人への支払い、法人への役員報酬も源泉徴収しなくてもいいことになっています。

ただ、毎月10日に源泉徴収を振込に行かなければならないとなると、かなり面倒です。その場合、インターネットバンキングやクレジットカード納付、ダイレクト納付などの方法も利用できます。

●「源泉所得税の納期の特例の承認に関する申請書」の書き方

毎月10日は源泉徴収税の振込期日です。インターネットやクレジットカード納付などもできますが、毎月の支払いは面倒です。従業員10人以下の小さな会社なら、源泉徴収を半年分まとめて納付することができます。

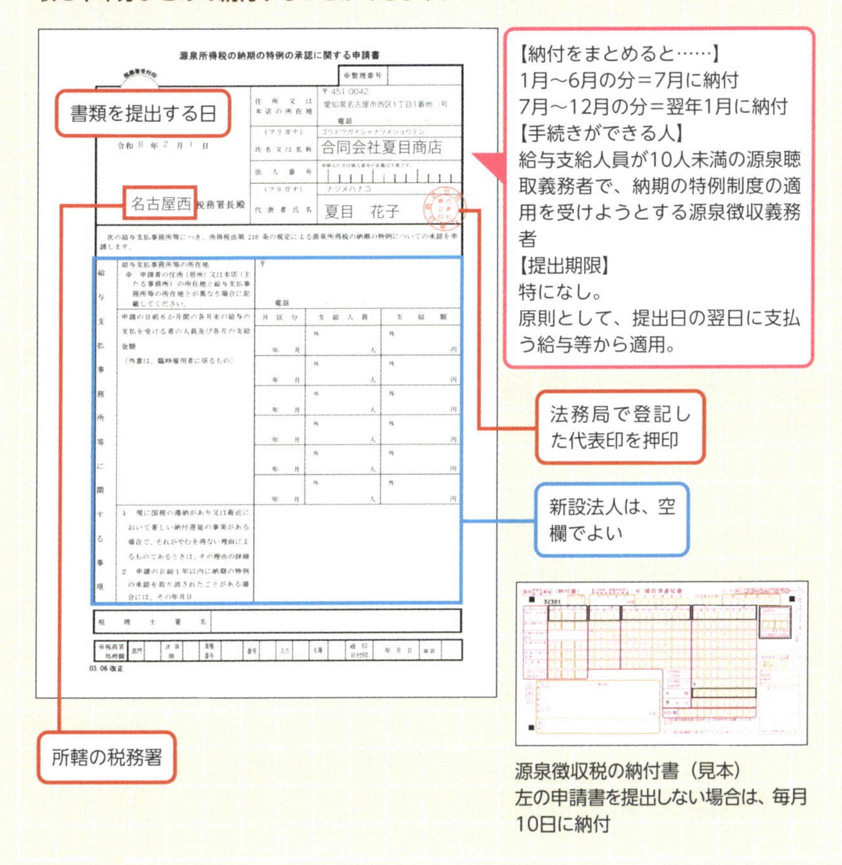

源泉所得税の納期の特例の承認に関する申請書

※整理番号

税務署受付印

令和 8 年 2 月 1 日

名古屋西 税務署長殿

住所又は本店の所在地	〒451-0042 愛知県名古屋市西区1丁目1番地 号 電話
（フリガナ）	ゴウドウガイシャナツメショウテン
氏名又は名称	合同会社夏目商店
法人番号	※個人の方は個人番号の記載は不要です。
（フリガナ）	ナツメハナコ
代表者氏名	夏目　花子

次の給与支払事務所等につき、所得税法第 216 条の規定による源泉所得税の納期の特例についての承認を申請します。

給与支払事務所等に関する事項

給与支払事務所等の所在地
※　申請者の住所（居所）又は本店（主たる事務所）の所在地と給与支払事務所等の所在地とが異なる場合に記載してください。

〒
電話

申請の日前6か月間の各月末の給与の支払を受ける者の人員及び各月の支給金額
［外書は、臨時雇用者に係るもの］

月区分	支給人員	支給額
年　月	外　　人	外　　円
年　月	外　　人	外　　円
年　月	外　　人	外　　円
年　月	外　　人	外　　円
年　月	外　　人	外　　円
年　月	外　　人	外　　円

1　現に国税の滞納があり又は最近において著しい納付遅延の事実がある場合で、それがやむを得ない理由によるものであるときは、その理由の詳細
2　申請の日前1年以内に納期の特例の承認を取り消されたことがある場合には、その年月日

税理士署名	

※税務署処理欄	部門		決算期		業種番号		番号		入力		名簿		通信日付印	年 月 日	確認	

03.06 改正

源泉徴収税の納付書（見本）
左の申請書を提出しない場合は、毎月10日に納付

POINT!

従業員が10人以下なら、半年分まとめて支払える特例もあります。「源泉所得税の納期の特例の承認に関する申請書」を提出します。

設立後、毎年やること

年次の経理業務について知ろう

決算に向けて集計をしよう

毎年行われる会社の経理業務のうち、もっとも重大なものが**決算**です。決算とは、会社の設立時に決めた事業年度の最後の月に行われるお金の総まとめだと考えてください。ですから、年次の経理業務としては、決算に向けた業務がメインになります。

決算については、6-12で説明しますので、ここでは決算に向けた準備として何をすべきか説明していきます。

決算前に準備すべきこと

決算のために準備すべきことは、次のとおりです。

- **預金の残高証明書、当座預金の取引照合表と預金の記帳が一致しているかの確認**
- **現金の実残高と帳簿上の残高が一致しているかの確認**
- **商品、製品、仕掛品、材料の実地棚卸**
- **売掛金・買掛金・未払金・未収金残高の確認**
- **仮払金や立替金などの未清算分の確認と帳簿との比較**
- **事業年度中の固定資産の除却・移動などの確認**

決算業務は税理士なしでできる？

毎年事業年度の終わりに必ず訪れる決算は、会社の収支を確定させて税金を納めるために必要な業務です。

1人会社や少人数の会社であれば、決算業務を1人で完結できないかと考える人もいると思います。結論から言うと、もちろん不可能ではありませんが、決算書を最初から自分だけで作成するのは難しいためほとんどの会社が税理士に依頼しています。決算時だけ依頼することもできますから、毎月税理士に依頼するのは避けたいという人は、決算時だけ依頼を検討することも考えてみてください。ただし、その際にはやはり日頃からの経理業務がしっかりできていることが前提です。

● 会社の決算の全体の流れ

法人の場合は、設立時に決めた事業年度が会計期間です。決算日を迎えたら、早めに決算書を作成していきましょう。

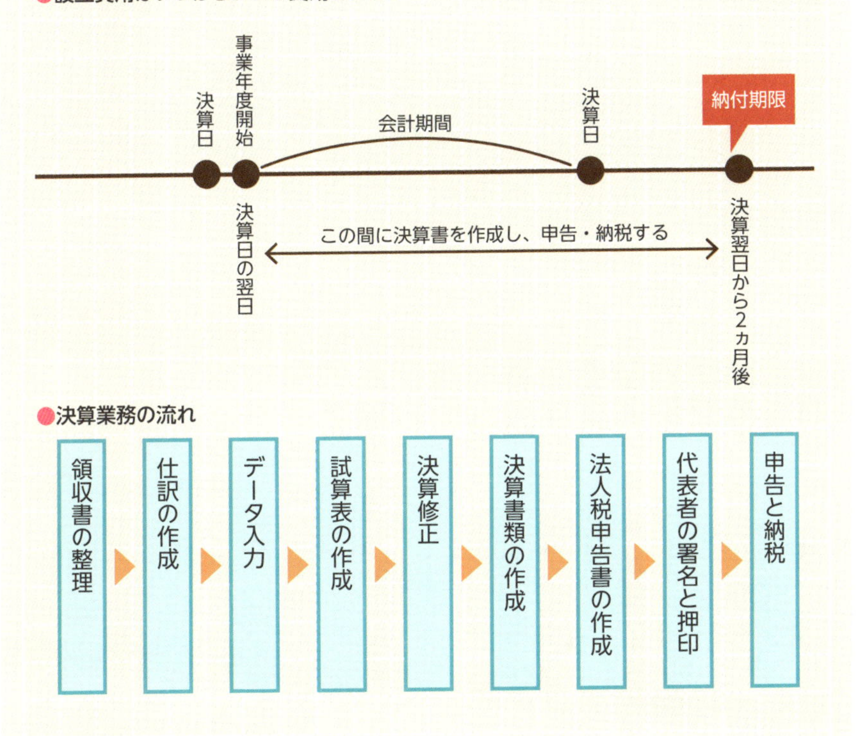

POINT!

決算は法人の会計で最も重要なことです。決算が来て慌てて整理することのないよう、普段から書類や領主書を整理しておきましょう。

決算の流れを把握しておこう

合同会社の決算に必要な書類は「**貸借対照表**」「**損益計算書**」「**社員資本等変動計算書**」「**個別注記表**」の4種類があります。**この4つの書類のことを、「決算書」や「財務諸表」、「計算書類」といっています。**

そもそも決算とは？

ここでは、会社の決算について説明していきます。

そもそも決算とは何かというと、会社の収入や支出を計算し、財政状況や経営状況などを把握するためのものです。この決算を通して、会社の所得等を確定させ、その年に会社が納めるべき税金の金額等が決まってきます。この時、会社の所得等を確定させ税務署へ申告することを「**確定申告**」といいます。

個人事業主の場合は、毎年1月から12月が事業年度で決算月は12月と決められています。しかし会社の場合は、各会社が決めた事業年度によって決算月が変わります。例えば7月1日に設立した会社であれば、決算月はその前の月の6月になります。

決算で作成する書類

● **貸借対照表**

決算日時点における会社の資産・負債・純資産を表示しているもの

● **損益計算書**

その事業年度中における会社の収益・費用を表示しているもの

● **社員資本等変動計算書**

その事業年度中の貸借対照表の純資産の部の増減を表示しているもの

● **個別注記表**

重要な会計方針に関する注記など、計算書類の各書類に関する注記をまとめて一覧表示しているもの

● 決算書類それぞれの役割

決算書は、株主や金融機関、取引先に対して会社の資産状況を説明する上で役立つ書類です。決算書からは、運営資金が足りているか、短期借入金と長期借入金のバランスはどうか、借入金に対する返済能力はあるか、利益はどうなっているか？　などがわかります。

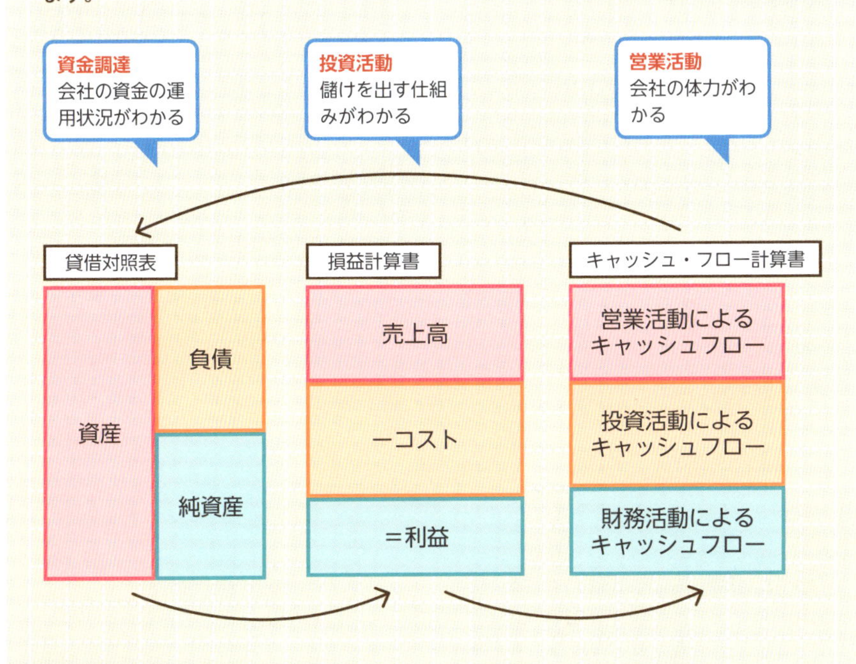

- 営業活動によるキャッシュフロー＝会社の本業によるお金の流れ
- 投資活動によるキャッシュフロー＝投資にともなう現金の流れ
- 財務活動によるキャッシュフロー＝資金調達に関する現金の流れ

POINT!

決算書を読み解くのは難しいですが、少しずつ理解できるようにしましょう。決算書は融資を受ける際に必要です。

SECTION 13

年末調整ってなんのためにやるの？

年末調整とは？

年末調整とは？

年末調整は、所得税の過不足を精算する手続きをいい、12月31日時点で会社に勤務している従業員（パートタイム・アルバイト含む）を対象に毎年行われます。要するに、1年を通して会社が従業員に支払った給与や賞与の合計額と所得税の合計額を計算し、本来徴収すべき所得税の総額との過不足を調整して確定させる手続きをするのです。

年末調整は誰がやるのか？

年末調整を行うのは会社側ですから、小さな会社でかつ税理士や会計士などがいない場合は、経営者が責任を以って行わなければなりません。例えば顧問税理士がいる場合は、会社が従業員に対して支払った総額を代わりに計算し、所得税を確定させてくれます。社員（合同会社の役員）ももちろん、年末調整の対象者になります。

ちなみに、社員ではない**外部スタッフに支払った報酬については、支払いを受けた個人が確定申告で行うため、基本は支払った側の会社での手続きは不要**です。

年末調整はいつからいつまでに行うのか？

年末調整を行うために、会社は従業員（社員含む）から次の書類を提出してもらわなければなりません。

- 給与所得者の扶養控除等（異動）申告書
- 給与所得者の保険料控除申告書
- 給与所得者の基礎控除申告書兼給与所得者の配偶者控除等申告書兼所得金額調整控除申告書
- 給与所得者の（特定増改築等）住宅借入金等特別控除申告書

これらの書類は**毎年10月ごろから準備し、11月になったら従業員に配布、11月末までには回収して所得税を再計算する**流れとなります。

年末調整のスケジュールを把握しておこう

社員である自分だけでなく、雇っている社員がいる場合、外注で仕事を依頼している場合は年末調整を行い、支払い調書などを発行しましょう。

年末調整のおおまかなスケジュール

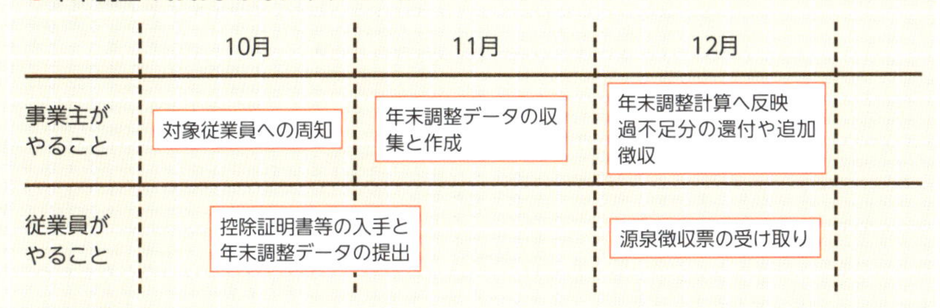

所得控除になるもの

◆基礎控除◆
納税者本人の合計所得に応じた控除額が設定されている。
2400万円以下→48万円控除
2400万円超→32万円控除
2450万円超→16万円控除
2500万円以下→0万円控除

◆配偶者控除◆
配偶者の年間所得が48万円以下の場合に受けられる控除

◆生命保険料控除◆
生命保険料や医療保険を支払いしている場合に生命保険・医療保険それぞれ4万円まで控除

◆社会保険料控除◆
納税者本人、配偶者、親族の社会保険料を負担した場合に受けられる控除

◆地震保険料・住宅ローン控除◆
支払っている場合に受けられる控除

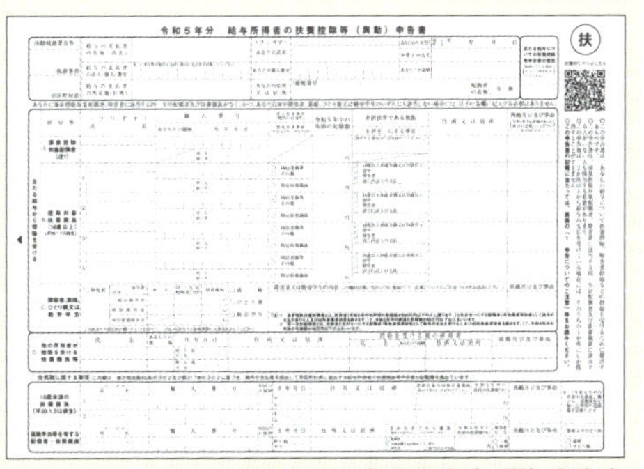
令和5年分 給与所得者の扶養控除等（異動）申告書

給与所得者の扶養控除等（異動）申告書
年末調整時に従業員に記載してもらう

POINT!

従業員がいなくても、社員（役員）に対する年末調整があります。顧問税理士を依頼すると、年末調整の業務も代わりに行ってくれます。

SECTION 14

社員の確定申告はする？しない？

社員の確定申告は？

確定申告とは

すべての**法人は、決算日から2ヵ月以内に税務署に法人税等の確定申告と納税を行わなければならない**という決まりがあります。確定申告についてはすでに触れたように、会社の収支を確定させて税務署に申告し、納税することをいいます。会社の確定申告については、決算のところで触れましたので割愛し、ここでは社員の確定申告について説明していきます。

基本的には、社員の受ける役員報酬は給与所得の扱いがされるため、所得税計算は会社によって年末調整が行いますす。したがって、社員が個人で確定申告を行う必要はありません。しかし、場合によって会社が年末調整を行わず、社員が自分で確定申告を行わなければならない場合があります。

自分で確定申告をしなければいけない人

社員が自分で確定申告をしなければならない場合は、次に該当する場合です。

- **1箇所から給与の支払いを受けており、その収入金額が2000万円以上の場合**
- **貸付金の利子や不動産の賃貸料などを受け取っている場合**
- **2箇所以上から給与収入や役員報酬を受け取っている場合**
- **1年間の給与所得以外の所得が合計20万円を超えている場合**

例えば、普段は会社に勤めていて副業で合同会社を設立した場合は、2箇所以上から給与収入や役員報酬を受け取っている場合に該当するため、自分で確定申告を行わなければなりません。

● 法人成りした年の確定申告はどうなる？

個人事業から法人成りした人は、設立した初年度のみ個人事業での確定申告が必要です。法人で年末調整を行い、法人の給与所得と合わせて申告します。

●法人成りした場合の初年度の確定申告

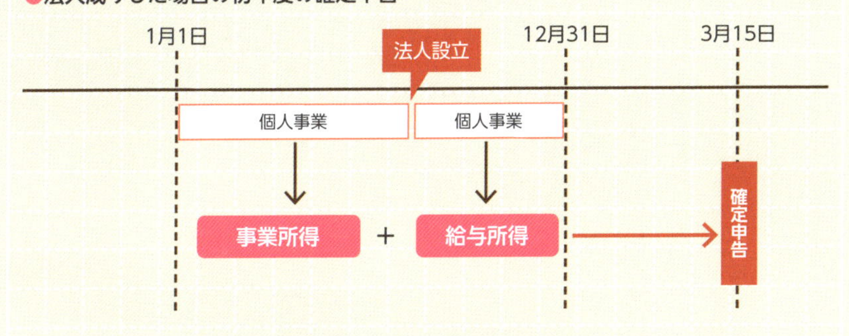

●2箇所以上から給与や役員報酬を受けている場合

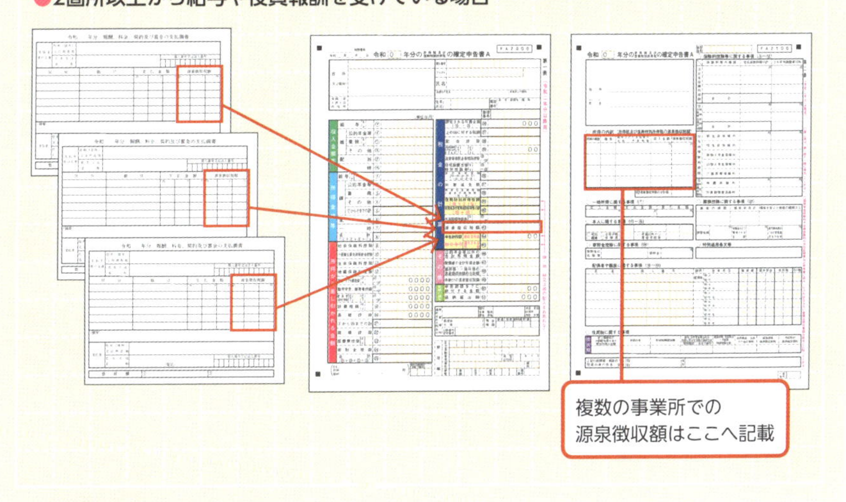

POINT!

自分で確定申告をする場合、確定申告は青色と白色があります。節税メリットを得るなら青色申告がおすすめです。

法人税の種類と計算方法

法人税の種類を知っておこう

決算を行い会社の所得が確定したら、それに基づき法人税の金額も確定させていく必要があります。ここでは**「法人税」「法人住民税」「法人事業税」**が該当します。

法人税の計算方法を知ろう

法人税の納税額は、課税対象となる法人の所得金額によって異なります。まずは国税である法人税の税率から説明します。法人税の税率は、15%と23・2%の2種類があります。どちらの税率が適用されるかは所得によって異なります。課税所得が800万円以下の場合は15%、800万円以上だと23・2%の法人税が課税されることになります。

一方、地方自治体へ納める法人住民税や法人事業税はどうでしょうか。

会社が登記をしている都道府県と市町村に支払う税金である**法人住民税は、「均等割」と「法人税割」の2つの課税方法で構成されています。**法人税割は、国が標準税率を定めており、都道府県に対して納める道府県民税、都民税が1・0%、市町村に対して納める市町村民税が6・0%と定めています。ただし法人税割は赤字の場合納めなくてもいいとされています。

「均等割」は、資本金額によって納税額が決まっています。所得金額にかかわらず納めなければなりませんので、こちらは赤字でも納税することになります。

法人事業税は、法人の所得に対して課せられる地方税のことです。こちらは、所得が400万円以下なら3・5%、400万円から800万円以下は5・3%、800万円を超えるなら7・0%と決まっています。

法人住民税の税率については、本店所在地の都道府県や市町村に問い合わせてみてください。

● 法人税の納付スケジュールと納付方法

法人税の納付期限は、その年の事業年度が終了した翌日から2ヵ月以内と決まっています。決算が終了したら、決算書や申告書を作成し税務署へ申告しましょう。

●確定申告から法人税納付までのスケジュール（6月末日が事業年度終了の場合）

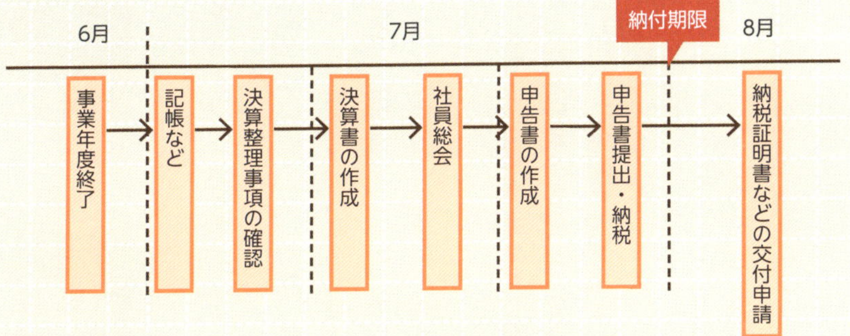

●法人税納付方法

①現金納付
金融機関や所轄の税務署の窓口で、現金納付する方法。手数料はかからず、領収証書が発行される。また、コンビニ納付用のバーコード付納付書やQRコードを使い、コンビニで現金納付することもできる。

②クレジットカード納付
「国税クレジットカードお支払いサイト」での納付も可能。ただし、納税金額に応じた決済手数料がかかり、領収証書は発行されない。クレジットカードのポイントが付与されるので、おすすめ。

③ダイレクト納付（e-tax）
e-Taxでダイレクト納付口座の届出を行い、税務署または利用する金融機関に届出書を出しておけば、e-Taxでの申告後に預貯金口座から振替により納付が可能です。納税のための手数料は不要ですが、領収証書は発行されません。

④インターネットバンキング納付
E-Taxの利用開始手続きを行うことで、インターネットバンキング等からの納付も可能になります。金融機関とインターネットバンキングの契約が済んでいれば、インターネットバンキングにログインし、納税ができます。手数料は不要だが、領収証書は発行されない。

POINT!

法人税の納付は遅れるとペナルティになります。補助金の申請などでは、納税証明書等が必要になることもあるので必ず納付しましょう。

消費税の納税

消費税の納税はどうすればいい？

法人は消費税を預かっている

税金は「直接税」と「間接税」とがあり、前項で紹介したような法人税のように課せられた人や法人が直接支払う税のことを直接税といいます。一方で間接税は、課税対象者と納税者が異なる税のことをいいます。消費税はこの間接税のひとつです。

法人は、原則として**毎年決算を終えた後に仕入れや売上のそれぞれにかかった消費税を計算し、売上消費税から仕入れ消費税を差し引いた金額を消費税として申告し納税しなければなりません。**

消費税の納税が免除される法人は？

ただし、すべての法人が消費税を納税しなければならないわけではありません。事業者は、課税事業者と免税事業者に分けられており、**免税事業者に該当する事業者は消費税の納税が免除されるという制度があります（事業者免税点制度）。**

ですが、この制度に該当しない事業者は課税事業者となり消費税を納めなければなりません。また、インボイス制度の導入を機に課税事業者登録をした事業者についても、課税売上高に関わらず課税事業者として消費税を納める義務があります。

消費税の納税はいつするのか？

消費税の納税は、原則として**事業年度終了日の翌日から2ヵ月以内**と定められています。こちらは法人税と同じ納付期限ですから、法人税の納税と同時に行うのが一般的です。

ただ、**全事業年度の法人税額が20万円を超える場合は、中間納付といって消費税の申告、納付を複数回に分けて行わなければなりません。**

● 消費税の仕組みと納税する際の計算方法

消費税は「間接税」として、消費者から預かった税金と事業者がまとめて納税する仕組みです。ただし、消費税を納税するのは「課税事業者」のみ。「免税事業者」は消費税の納税が免除されています。

課税事業者の条件

- 2期前の課税売上高が1000万円を超えている事業者
- 前年度開始日から6ヵ月の課税売上高または給与支払い総額のいずれかが1000万円を超えている事業者

●事業年度が7月1日〜6月30日の法人の場合（設立日が7月1日）

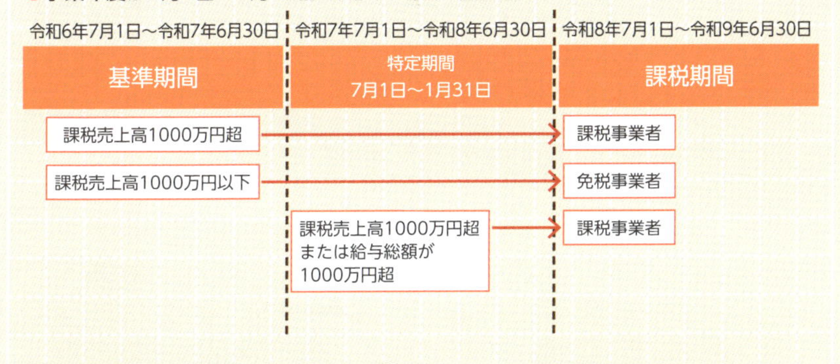

●消費税納税額の基本的な考え方

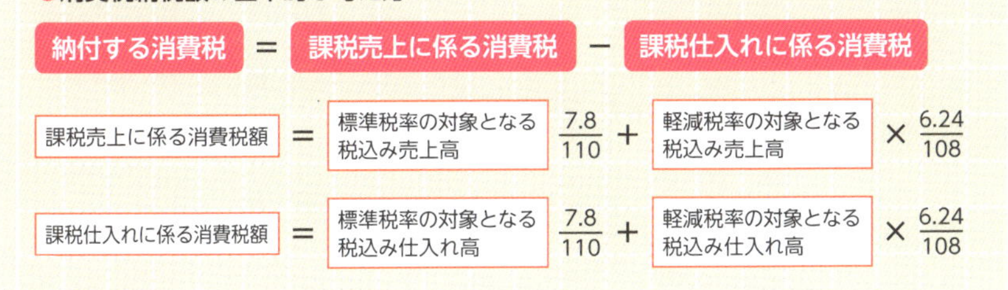

POINT!

インボイス制度が始まり、免税事業者からの仕入れ税額控除の計算が従来通りではなくなっています。別途インボイス制度のことも調べておきましょう。

定款の内容を変えたらすぐに届け出よう

定款や登記の内容を変える時

会社を運営していて、設立時に届け出た定款や登記の内容に変更が生じることはよくあります。例えば事務所の移転時や会社名（商号）を変更したいとき、あるいは代表社員の住所が変わるときなどです。そのような時は、いかなる場合においても必ず法務局をはじめとする行政機関に届け出る必要があります。ここでは、よくある変更について触れておきます。

商号を変更するとき

商号変更の際の手続きとして必要な書類は、次のとおりです。

- **合同会社変更登記申請書**
- **社員全員の同意書**

手続きに関しては、**登録し直す際に登録免許税として3万円が必要**になります。また、この手続きの他に新しい会社印の登録も必要になります。

本店の住所を変更するとき

移転先の住所の管轄税務署が、移転前の管轄税務署と同じ場合は登録免許税が3万円で済みますが、**異なる場合は2箇所で課税されるため合計6万円かかります。**本店の住所変更で必要な書類は次のとおりです。

- **合同会社変更登記申請書**
- **社員全員の同意書**
- **業務執行社員の過半数の一致があったことを証明する書面**
- **定款（変更後のもの）**

● 合同会社変更登記申請書の書き方（商号変更）

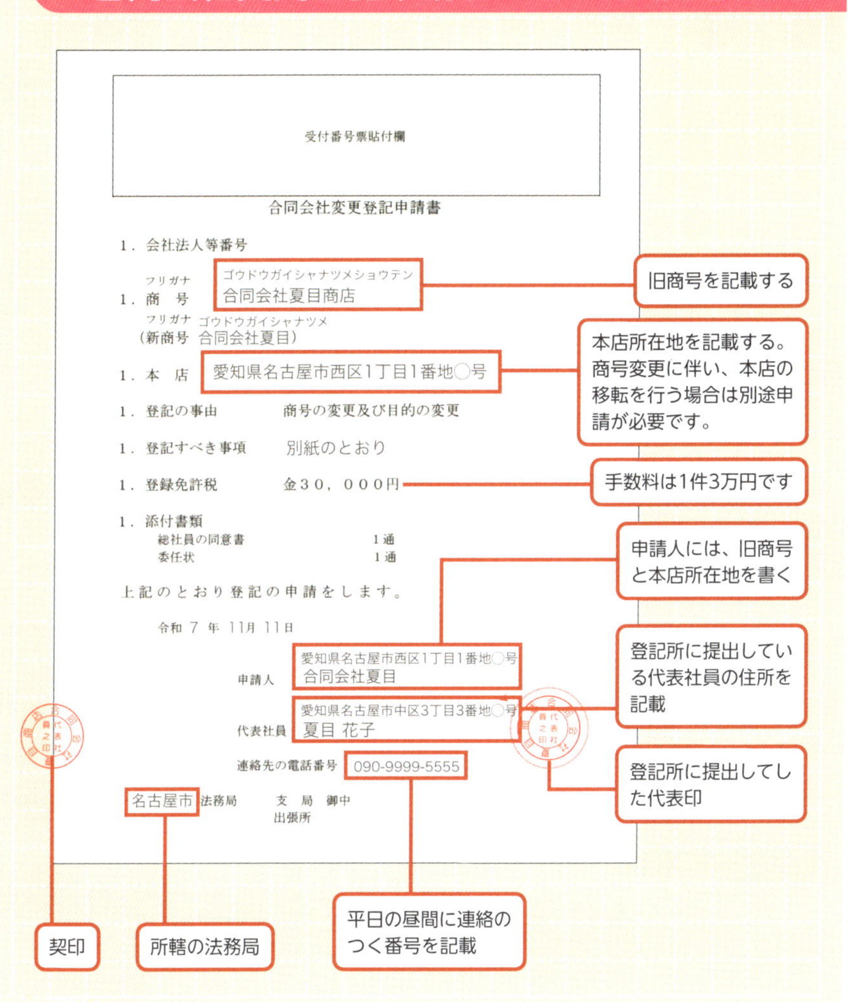

受付番号票貼付欄

合同会社変更登記申請書

1．会社法人等番号

フリガナ　ゴウドウガイシャナツメショウテン
1．商　号　合同会社夏目商店

フリガナ　ゴウドウガイシャナツメ
（新商号　合同会社夏目）

1．本　店　愛知県名古屋市西区1丁目1番地◯号

1．登記の事由　商号の変更及び目的の変更

1．登記すべき事項　別紙のとおり

1．登録免許税　金３０，０００円

1．添付書類
総社員の同意書　1通
委任状　1通

上記のとおり登記の申請をします。

令和 7 年 11月 11日

申請人　愛知県名古屋市西区1丁目1番地◯号
合同会社夏目

代表社員　愛知県名古屋市中区3丁目3番地◯号
夏目 花子

連絡先の電話番号　090-9999-5555

名古屋市 法務局　支 局　御中
出張所

POINT!

申請時には、収入印紙貼付台紙に手数料3万円分の収入印紙を貼り、申請書と同時に提出します。

合同会社をたたむときの手続き

廃業の手続きは2段階ある

合同会社の設立件数は増えていますが、その反面経営がうまくいかなくなり廃業してしまう合同会社も少なくありません。会社を運営していくうち、なんらかの理由で廃業したいという人も中には出てくるでしょう。その場合はどのような手続きが必要でしょうか。

解散までの流れは？

合同会社を廃業するには、定められた手続きを行う必要があります。その手続きには、**「解散」**と**「精算」**の二段階があります。

●「解散」

会社の解散を決めたら、まずは解散することの合意をとります。合同会社の場合は社員の同意があれば会社を解散することができますので、社員総会を行うなどして全員の合意をとります。例えば、社長1人の合同会社であれば、自分で決めるだけで解散することができてしまいます。社員全員の合意がとれたら、総社員の同意書を作成しておきます。

●「精算」

総社員の同意書が作成できたら、次に行うのは精算人の選出です。精算人とは、会社の精算手続きを行う人のことで、一般的には会社の代表者印がそのまま精算人になります。精算人を決めたら、「精算人選人決定書」と「就任承諾書」を作成し、記名と押印をします。

精算人を決定したら、精算人が法務局で解散及び精算人選人の登記手続きを行います。この時に必要なものは、「登記申請書」「総社員の同意書」「精算人選人決定書」「精算人の就任承諾書」「印鑑届書」「精算人の印鑑証明書」です。

● 合同会社の解散の流れ

会社を廃業することが決まったら、すべての社員の同意をとり、精算手続きを行う人を決め登記します。一般的には、合同会社の代表社員が精算人になることが多いです。

準備

- 社員総会で解散を決める（全社員の同意書を作成しておくこと）
- 解散・精算人の就任を登記する

手続き

- 財産目録・貸借対照表を作成する
- 債権者保護手続き
- 解散事業年度の確定申告
- 資産の現金化、残余財産の確定と分配
- 精算確定申告書の提出

申告・登記・届出

- 決算報告書の提出
- 精算結了登記
- 各機関への解散の届出（税務署や都道府県事務所、各市町村へ）

POINT!

なるべくなら避けたい解散ですが、やむを得ないときもあります。手続きが多いので専門家に依頼するのがおすすめです。

SECTION 19

資金調達の方法

クラウドファンディングを積極的に活用しよう

合同会社の資金調達の方法は？

会社はお金がないと運営できませんから、資金を調達することからは逃れることができません。例えばビジネスチャンスがあったとしても、先立つ資金がなければ事業として手を出すことができず、みすみすチャンスを逃してしまうことにもなります。ですから、会社の資金は常にゆとりがあるようにしておきたいものです。とはいえ、自分だけで資金を用意するには限界もあります。そんな時に考えたいのが**資金調達**です。

資金調達の方法には、一般的な銀行から融資を受ける方法のほかに、補助金や助成金を活用する方法、最近ではクラウドファンディングを活用する方法もあります。銀行の融資はこの中でもっともポピュラーですが、会社の信用がないとなかなか融資を受けることができません。また、補助金を活用するにも、補助金は支払いを行った事実に対して給付されるのが基本ですから、どちらにしてもまずは先立つお金が必要になってしまいます。そこで最も取り組みやすいのがクラウドファンディングです。

クラウドファンディングとは

クラウドファンディングとは、リターンを提供する代わりに資金を提供してもらえるサービスのことです。例えば自社が開発したい商品について情報を公開し、応援者を募ります。応援者からは一定額を出してもらい、その資金を元手に開発をするという方法です。

ただし、お金を出してくれた支援者にはかならずリターンといってお礼が必要です。例えば新商品の開発のために支援してくれた人へは、新商品をリターン品などにするといった具合です。

クラウドファンディングは、各会社によって購買型や寄付型、投資型などの特色があります。

合同会社の資金調達の方法は？

資金調達の方法は3つ

融資	最もポピュラーな金融機関からの融資。ただし融資を受けるには、事業計画書や決算書などを提出し、会社の信用情報等の審査に通過しなければならない。取引銀行だけでなく、商工会などの融資窓口で相談できる。
助成金	助成金は、団体の特定の活動や事業を支援するために、審査などの手続きを経て提供されるお金のこと。補助金と違い返済する必要はないが、審査のための書類等を準備しなければならない。
補助金	事業者の取り組みをサポートするために費用の一部を負担するために提供されるお金。国や地方自治体が主体となっていることが多い。返済は必要ないが、審査には事業計画書などの書類が必要。また、補助金は先払いになるので先に費用を用意しておかなければならない点に注意。
クラウドファンディング	インターネットを利用して不特定多数の人々から少額ずつの資金を調達する仕組みのこと。支援者に対してリターンを用意しなければならない。各会社によって購買型や寄付型、投資型などの特色があるため、自分たちの商品・サービスと相性のいい会社を選ぶのがポイント。
社員からの追加出資	役員である社員から追加で出資を受け、資本金を増やすこともできる。しかし、定款の変更など手続きも多く、すぐにはできないので余裕を持っておく必要がある。
知人・家族からの融資	知人や家族から融資を受ける場合は、借用書を必ず作成し、返済期間、期日、返済金額について明記しておくこと。社員が複数いる場合は、全社員の同意をとり同意書を作成しておくこと。

クラウドファンディングの仕組み

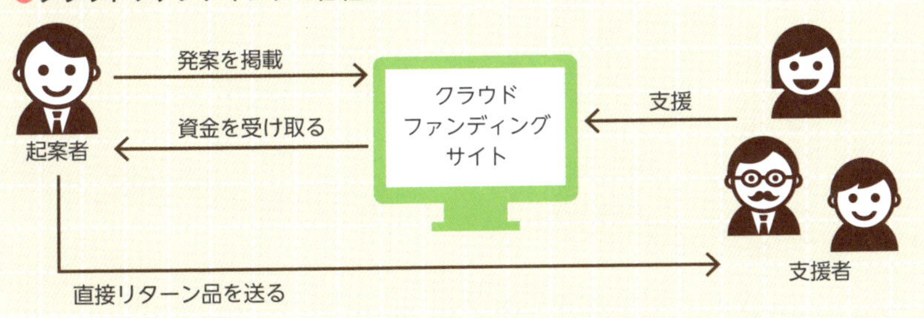

●リターン品の例
商品・サービスチケット、お礼状の送付、HPへの掲載、オリジナルグッズなど

POINT!

キャッシュフローを気にしながら、資金調達を行いましょう。すぐには調達できませんから、前もって準備しましょう。

会社運営についての相談

会社の経営をスムーズにするパートナーを探しておこう

専門家に頼りながら経営しよう

初めての会社設立は、わからないことだらけです。困った時に一人で考え込んでいてもなかなか解決になりませんから、積極的に専門家や公的機関等を頼りましょう。専門家のアドバイスをもらうことで、手探りの経営から解放されるはずです。

商工会や士業を活用しよう

● よろず支援拠点

国が設置した無料の経営相談所で、全国の中小企業や小規模事業者が活用できます。常駐している専門家は、中小企業診断士が中心ですがITやマーケティングの専門家などもいます。**中小企業診断士は補助金活用のアドバイスや申請書類の作成にも長けていますから**、ぜひつながりを作っておきたいところです。

● 商工会

商工会は各地域に必ず存在する準公的機関です。補助金や助成金の情報や経営に役立つセミナー、相談会などが実施されるほか、他の企業とのつながりが持てる機会も用意されています。

● 税理士

税理士は税に関する専門家として、会社の税務書類の作成や税務上のアドバイスなどを行なってくれます。6章で触れた決算書類の作成も代行してくれますので、できればいつでも頼れる税理士を一人見つけておくと安心です。

● 社会保険労務士（社労士）

社会保険労務士は、人材に関する専門家として人事や労務、保険関係のアドバイスを行なってくれます。例えば本格的に採用する場合は、社労士の指導をもとに、会社のさまざまな制度を整えたりします。

経営に関する相談は士業や専門機関を頼ろう

頼れる専門家とその役割

行政書士	会社設立等、行政手続き書類の作成や申請の代行
司法書士	会社設立や登記に関する手続きの代行
税理士／中小企業診断士	資金調達に関するアドバイスや融資相談、各種補助金申請に関する相談
税理士	税務申告や会計処理について
社労士	社会保険・雇用保険・労働環境に関する相談
弁理士	商標登録や特許申請に関する相談
弁護士	民事訴訟に関することや契約書のチェック
コンサルタント	集客やマーケティング、PR戦略に関する相談

経営支援を行っている機関の例

全国商工会議所
全国各地にあり、地域密着で事業主をサポートしてくれる。特に創業補助金の申請などは、商工会の指導が条件になっているものも多い。

全国産業振興機構
全国各地にある公益法人で、経営基盤の強化、新たな事業活動や国際化など、中小企業の総合的な支援機関的な存在。人材不足などの相談も。

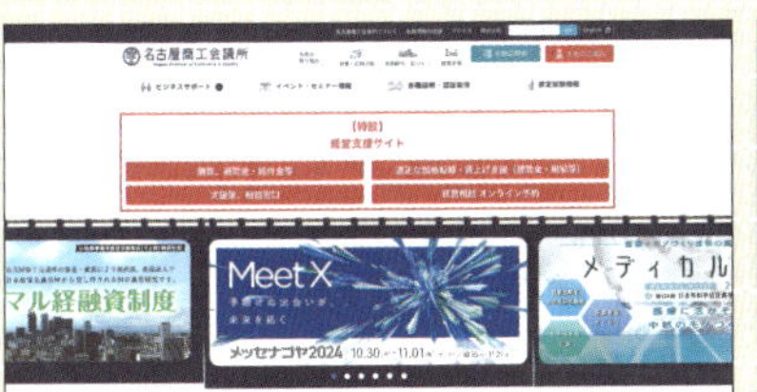

名古屋商工会議所ホームページ

あいち産業振興機構ホームページ

自分の地域の商工会を探す→https://www.shokokai.or.jp/?page_id=1754

POINT!

設立時だけでなく、経営に関する悩みが生じた際にも頼れる専門家がいると心強いです。いいアドバイスをもらうには日頃からのお付き合いが大切です。

AIを活用して外注費を削減？

最近では、AIを活用したさまざまなサービスが増えています。

例えば有名なChatGPTは、企画書や文書の作成だけでなく、プレゼン資料の雛形の作成、プログラミングコードの生成、画像生成、図表の作成、翻訳などさまざまなことが1つのサービスで行えるようになっています。

従来であれば、自分で行うか社員もしくは外注に委託して行なってもらわなければならなかった業務も、今やAIを活用すればその必要もないのです。

例えば、集客のために1日かけて書いていたブログの記事も、ほんの数分で書いてもらえますから、その分本業に集中できるようになりますよね。ブログのヘッダー画像の作成も、わざわざデザイナーへ依頼しなくても、プロンプトと呼ばれる指示文を書き込めば、指示通りに作成してくれるのです。

すでにAIをうまく活用して外注費などの削減に乗り出している企業もありますから、今後ますますAI活用が当たり前になっていくはず。AIのことはよくわからないといって、敬遠するのは非常にもったいないです。

とはいえ、AIも完璧ではありません。業務の内容によっては人が行った方が早くて正確、あるいは質が高いものもありますから、完全にAIに置き換えるよりは、うまく付き合っていくという姿勢が大切になるでしょう。

索引

英数字

GAFA……22
GビズID……170
NPO法人……25

あ行

一般財団法人……26
一般社団法人……26
印鑑カード……148
印鑑カード交付申請書……148
印鑑証明書……148
印鑑届出書……88, 136
インボイス制度……22, 158
売掛金……196
営利法人……24, 25
営利目的……24

か行

買掛金……196
会社印……86
会社代表印……86
会社法……24
解散……214
改正電子帳簿保存法……188
開業費……184
確定申告……202
角印……86
割印……86
株券……29
株式……28
株式会社……24
株主総会……60
キャッシュフロー……196
監査役……60
間接税……210
機関……60
機関設計……35, 60
議決権……29
給与所得控除……38
給与所得者の（特定増改築等）住宅借入金等特別控除申告書……204
給与所得者の基礎控除申告書兼給与所得者の配偶者控除等申告書兼所得金額調整控除申告書……204
給与所得者の扶養控除等（異動）申告書……204
給与所得者の保険料控除申告書……204
許可……168
許認可……74, 168
協会けんぽ（健康保険）……38
業務執行社員……42
均等割……186, 208
銀行印……86
クラウドファンディング……216
契印……86
経営セーフティ共済（中小企業倒産防止共済）……150
計算書類……202
決算……82, 200
決算書……202

月次業務……192
検索機能の確保……190
見読可能装置の備え付け……190
源泉徴収……182，198
現在事項全部証明書……134
個別注記表……202
固定税率……52
雇用保険……164
雇用保険適用事業所設置届け……164
公告……102
公法人……24，25
厚生年金……38
厚生年金・健康保険新規適用届……162
合資会社……24
合同会社設立登記申請書……88
合同会社変更登記申請書……212
合名会社……24

さ行

最小行政区画……76
財産引継書……88，130
財務諸表……202
市町村民税……160
私法人……24，25
資金調達……216
資本金……28
資本金の額に計上に関する証明書……130
資本金の額の計上に関する証明書……88
事業者免税点制度……210
事業年度……68，82
システム概要に関する書類の備え付け……190
自然人……24
実印……136
捨て印……86
社印……86
社員……42
社員資本等変動計算書……202
社会福祉法人……25
社会保険労務士（社労士）……218
取締役会……60
収入印紙代……66
収入印紙貼付台紙……88
就任承諾書……48，132
商工会……218
商号……72
消費税……210
消費税課税事業者選択届出書……156
職務執行者……48，62
職務執行者の就任承諾書……88，134
職務執行者の選任に関する書面……88，134
振込証明書……122
真実性の確保……190
精算……214
精算人選人決定書……214
青色申告の承認申請書……154
税理士……218
赤字繰越……35
設立登記……122
設立登記申請書……122
絶対的記載事項……96，98
前各号に附帯する一切の事業……98
創立費……184
相対的記載事項……96，100
損益計算書……202

た行

貸借対照表……202
代表社員……42

代表社員、本店所在地及び資本金決定書……88, 132
直接税……210
追徴課税……188
定款……48, 64, 88
定期同額……50
訂正印……86
適格請求書……158
適格請求書発行事業者の登録申請書……158
電子証明書……106
電子定款……106
登記すべき事項……88, 124
登記事項証明書……48, 88, 134
登録……168
登録免許税……66
都道府県民税……160
謄本手数料……66
届出……168

な行

日次業務……192
任意的記載事項……96, 102
認可……168

年次業務……192
年末調整……204

は行

配当金……29
配当請求権……29
発起人会議事録……68
被保険者所属選択・二以上事業所勤務届……166
非営利法人……24, 25
払込みがあったことを証する書面……88
払込証明書……126
保険関係成立届……164
補正……128
法人格……24
法人事業税……52, 160, 208
法人住民税……38, 52, 160, 208
法人税……52, 160, 208
法人税割……186, 208
法人設立届出書……154
法務局……72
本店所在地……68, 76
本店所在地及び資本金決定書……130

ま行

無限責任……30
免税事業者……156
持分……29
持分会社……28

や行

役員報酬……35, 50
有限会社……26
有限責任……30

ら行

履歴事項全部証明書……134
累進課税……35, 38, 52
労災保険（労働者災害補償保険）……164
労働保険……164
労働保険概算保険申告書……164

著者
中村 真由美（なかむら まゆみ）
神戸市出身。行政書士法人ルクロー代表社員。行政書士。
2012年7月行政書士登録。
開業以来、「日本の中小企業を元気にしたい」をモットーに活動。依頼者のほとんどが法人である。法人設立から許認可取得、事業開設後の経緯コンサルタントまでを行う一貫したサービスを行っている。特に福祉事業のサポートを得意とし、全国からの依頼がある。法人設立においては、依頼者の事業内容、将来のビジョンに最も適合した法人形態、種別を提案することで一歩踏みこんだアドバイスを提供している。

マンガ●保田正和
執筆協力●西田かおり
DTPデザイン●宮下晴樹（ケイズプロダクション）
編集協力●山田稔（ケイズプロダクション）
編集担当●山路和彦（ナツメ出版企画株式会社）

本書に関するお問い合わせは、書名・発行日・該当ページを明記の上、下記のいずれかの方法にてお送りください。電話でのお問い合わせはお受けしておりません。
・ナツメ社webサイトの問い合わせフォーム
　https://www.natsume.co.jp/contact
・FAX（03-3291-1305）
・郵送（下記、ナツメ出版企画株式会社宛て）
なお、回答までに日にちをいただく場合があります。正誤のお問い合わせ以外の書籍内容に関する解説・個別の相談は行っておりません。あらかじめご了承ください。

まるごとわかる！ **合同会社設立と運営の教科書**

2024年11月1日　初版発行

著　者　**中村真由美**
発行者　**田村正隆**

発行所　**株式会社ナツメ社**
東京都千代田区神田神保町1-52 ナツメ社ビル1F（〒101-0051）
電話　03(3291)1257（代表）　FAX　03(3291)5761
振替　00130-1-58661
制　作　**ナツメ出版企画株式会社**
東京都千代田区神田神保町1-52 ナツメ社ビル3F（〒101-0051）
電話　03(3295)3921（代表）
印刷所　**ラン印刷社**

ISBN978-4-8163-7625-2